Dorothee Müller:
Lebenswertes Leben und würdevolles Sterben

Die Intention der Autorin, das Thema »Sterbehilfe« zum Gegenstand ihrer Publikation zu machen, resultiert in erster Linie aus ihrer eigenen Betroffenheit. In ihrem Buch »Lebenswertes Leben und würdevolles Sterben – Die Einstellung Behinderter zur Sterbehilfe« werden systematisch die hierbei relevanten Wissensbereiche Medizin, Recht, Ethik, Religion und Psychologie dargestellt. In exakter und informativer Weise behandelt die Autorin unterschiedlich gewichtete Fragestellungen, die durch die Phänomene Behinderung, unheilbare Krankheit und Schmerz aufgeworfen werden.

Der eigenen Meinung der Autorin werden Aussagen anderer Betroffener hinzugefügt, die aus von ihr geführten Interviews, aber auch aus Radiosendungen erhoben wurden. Da das Thema in der Arbeit mit Behinderten eine eminent wichtige Rolle spielt, ist die Auseinandersetzung hiermit für alle Mitarbeiter aus den Bereichen der Seelsorge, Pflege und Psychologie von hoher Wichtigkeit.

Der Text berührt die jederzeit aktuellen Grenzfragen des Lebens und sensibilisiert auch den nicht unmittelbar betroffenen Leser. Vorschläge und Praktiken verschiedener Experten bezüglich Lebensverlängerung, Bestimmung des Todeszeitpunktes, passive bzw. aktive Sterbehilfe und Organtransplantation werden zur Sprache gebracht.

Dorothee Müller, (Jg. 1963), Ausbildung zur Geigenbauerin. Besuch der Kunst-Abendschule am Städel; anschließend Studium der Musik-Pädagogik an der Universität in Frankfurt. Aufgrund ihrer schweren Erkrankung (Multiple Sklerose) wechselte sie 1989 den Studiengang. 1995 beendete sie das Studium der Diplom-Pädagogik. Derzeit Studienberaterin für behinderte Studierende an der Frankfurter Universtität.

Reihe »FORSCHUNG PSYCHOSOZIAL«

Dorothee Müller

Lebenswertes Leben und würdevolles Sterben

Die Einstellung Behinderter zur Sterbehilfe

Psychosozial-Verlag

Für Johannes

Die Deutsche Bibliothek - CIP-Einheitsaufnahme
Müller Dorothee:
Lebenswertes Leben und würdevolles Sterben:
die Einstellung Behinderter zur Sterbehilfe/Dorothee Müller.
– Gießen: Psychosozial-Verlag, 1997
(Reihe „Forschung psychosozial)
ISBN 978-3-932133-01-5

© 1997 Psychosozial-Verlag
E-Mail: info@psychosozial-verlag.de
www.psychosozial-verlag.de
Alle Rechte, insbesondere das des auszugsweisen Abdrucks
und das der fotomechanischen Wiedergabe, vorbehalten
Umschlagabbildung: Dorothee Müller
Umschlaggestaltung nach einem Reihenentwurf des
Ateliers Warminski, Büdingen
Printed in Germany
ISBN 978-3-932133-01-5

Inhalt

1. Einführung und Intention — 9

2. Physiologie — 12

2.1. Das Sterben und der Tod aus physiologischer Sicht — 12

2.2. Die umstrittene Definition des Sterbezeitpunktes — 15

2.3. Die Organtransplantation — 17

2.4. Die Therapie der Schmerzen — 18

2.5. Zur Sterbehilfe — 20

3. Die Gesetzeslage zur Sterbehilfe — 21

3.1. Gesetzliche Regelungen — 21
3.1.1. Artikel 2, Absatz 2, Satz 1 (GG) — 21
3.1.2. Artikel 2, Absatz 1 (GG) — 21
3.1.3. Artikel 1, Absatz 1 (GG) — 22

3.2. Rechtliche Fragestellungen — 25
3.2.1. Die Aufklärung des Patienten — 25
3.2.2. Die ärztliche Pflicht, menschliches Leben zu erhalten — 27
3.2.3. Der Wille des Patienten — 31

3.3. Begriffsabgrenzung und juristische Praxis — 36
3.3.1. Die passive Sterbehilfe — 36
3.3.2. Die indirekte Sterbehilfe — 39
3.3.3. Die Beihilfe zur Selbsttötung — 41
3.3.4. Die aktive Sterbehilfe — 41

3.4. Die Rechtslage in anderen Ländern — 47

4. Ethik und Religion   50

4.1. Ethik   50
4.1.1. Der Lebenswert   53
4.1.1.1. Wer legt die Wertigkeit des individuellen Lebens fest?   54
4.1.1.2. Wie wird entschieden?   56
4.1.1.3. Welche Kriterien entscheiden?   57
4.1.2. Was ist "würdevolles Sterben"?   59
4.1.2.1. Umgang mit Sterbenden   60
4.1.2.2. Wie weit soll medizinische Hilfe gehen?   61
4.1.2.3. Organtransplantation   63
4.1.3. "Würdiges Sterben" kontra "würdiges Leben"   67
4.1.4. Ethische Betrachtung zum Wunsch nach dem Tod   68
4.1.4.1. Passive Sterbehilfe   69
4.1.4.2. Indirekte Sterbehilfe   70
4.1.4.3. Beihilfe zur Selbsttötung und aktive Sterbehilfe   70

4.2. Religion   71
4.2.1. Der Tod   71
4.2.2. Sinn des Todes   72
4.2.3. Tod als Strafe   73
4.2.4. Sinn im Leid?   74
4.2.5. Sinn einer Behinderung?   75
4.2.6. Kirche und Lebenswert   75
4.2.6.1. Kirche und Behinderung   75
4.2.6.2. Kirche und Suizid   76
4.2.7. Reinkarnation, christliche Vorstellung zum Weiterleben nach dem Tod   77

5. Psychologie	78
5.1. Sterbenmüssen	78
5.1.1. Der Betroffene	78
5.1.1.1. Vorstellung und Einstellung zum eigenen Tod	78
5.1.1.2. Die gewünschte Art des Todes	79
5.1.1.3. Die Angst vor dem Sterben und dem Tod	80
5.1.1.4 Der Versuch, den Tod zu betrügen	82
5.1.1.5. Reaktionen auf den nahenden Tod	84
5.1.1.6. Die akute Sterbephase	87
5.1.2. Die anderen	88
5.1.2.1. Das Verhalten gegenüber Sterbenden	88
5.1.2.2. Das Aufklärungsgespräch	91
5.1.2.3. Sterbebegleitung	92
5.1.2.4. Stellungnahmen zur aktiven Sterbehilfe	93
5.2. Sterbenwollen?	95
5.2.1. "Geburtsbehindert" kontra "später behindert"	96
5.2.2. Vorteile durch Einschränkungen?	97
5.2.3. Behinderung und Tod	100
5.2.4. Sterbewunsch durch das »kleine Sterben«	101
5.2.4.1. Der Leistungsverlust	101
5.2.4.2. Schwindende Lebensqualität	102
5.2.4.3. Die Situation "erzieht" zum Todeswunsch	104
5.2.4.4. Weitere Motivationen	108
6. Schlußwort	111
7. Anhang	114
8. Quellenverzeichnis	116
8.1. Literatur	116
8.2. Hörfunk	119
8.3. Fernsehen	120

Abkürzungen:

DGHS	Deutsche Gesellschaft für humanes Sterben
DRZ	Deutsche Richterzeitung
IGSL	Internationale Gesellschaft für Sterbebegleitung und Lebensbeistand e.V.
GG	Grundgesetz
StGB	Strafgesetzbuch
StPO	Strafprozeßordnung

Eines Tages streiten sich zwei Nachbarn. Der Streit wird immer heftiger und der jüngere der beiden Männer bückt sich sogar nach einem Stein. Als er ihn greifen will, schwebt ihm dieser, von einer unsichtbaren Kraft bewegt, entgegen. Dem jungen Mann wird unheimlich zumute. Er wendet sich daher vom Streit ab, nimmt den Stein an sich und geht nach Hause.

Mehrere Jahre später erhält er die Nachricht, daß der andere, ältere Mann, mit dem er damals gestritten hatte, nun im Sterben liegt. Dieser ist schon seit längerer Zeit bettlägerig und hat starke Schmerzen, kann aber nicht sterben. Die ganze Nachbarschaft leidet mit ihm und sucht nach einer Lösung, ihn schnell von seinen Schmerzen zu befreien und ihm so das ruhige Sterben zu ermöglichen. Als nun dem jüngeren Mann diese Nachricht zukommt, nimmt er den, lange von ihm verborgenen, Stein und geht damit zu dem leidenden Mann. Dort legt er den Stein behutsam auf die Brust des Sterbenden. Erst jetzt kann der ältere Mann ruhig und in Frieden sterben.[1]

1. Einführung und Intention

"Wenn ich tot bin, werde ich [...] alles wissen, schlimmstenfalls nur im allerletzten Augenblick, wo ich erkenne, daß jetzt, jetzt nichts mehr ist."[2]

Im Laufe der Geschichte haben die verschiedensten Überlegungen bezüglich des Todes die Intention seiner Bagatellisierung, Tabuisierung und Verdrängung verwirklicht.
"Das schauerlichste Übel also, der Tod, geht uns nichts an; denn solange wir existieren, ist der Tod nicht da, und wenn der Tod da ist, existieren wir nicht mehr. Er geht also weder die Lebenden an noch die Toten; denn die einen berührt er nicht und die anderen existieren nicht mehr."[3]

---

[1] Türkische Legende
[2] Noll, 1984, 230
[3] Epikur, zitiert nach Haas, 1989, 4

Obwohl die einzig sichere Tatsache im Leben eines jeden Menschen ist, daß er einmal sterben wird, besteht in der Regel der Wunsch, mit dem Thema Tod und Sterben gar nichts zu tun zu haben.[1] Man scheut sich, über den eigenen Tod zu reden. Er ist in der Vorstellung weit weg, da er altersmäßig auch in immer weitere Entfernung gerückt ist. Dennoch ist der Tod genauso alltäglich wie früher. Scheinbar besteht aber zumindest gegenüber dem fremden Tod eine gewisse Faszination: Die Massenmedien sind voller Berichte über tödliche Unfälle und Morde. Jedem werden dort alle Formen des Todes dauernd vor Augen gehalten. Dieser "allgemeine" Tod wird infolgedessen auch vermehrt als banal empfunden. Das Individualistische im Sterben geht verloren und der Tod verliert gesellschaftlich an Bedeutung, weil zuviel öffentlich gestorben wird.

Andererseits scheint es entweder an der natürlichen Neugier oder einem Sicherheitsbedürfnis des Menschen zu liegen, daß er das, ihm Unerklärliche, also auch den Tod, klären will. Aufgrund dieser Rätselhaftigkeit ranken sich die vielfältigsten Theorien um dieses Phänomen. Die Hauptfrage ist wohl die nach dem Sinn des Todes. Gibt der Tod dem Leben erst einen Sinn? Zahlreiche Publikationen der verschiedensten Fachrichtungen (ethisch, biologisch, soziologisch ...) beschäftigen sich inzwischen immer stärker und wiederholt mit diesem Thema.[2]

Meine Intention, das Thema "Sterbehilfe" zum Thema meiner Diplomarbeit zu wählen, resultiert in erster Linie aus meiner eigenen Betroffenheit (chronische Erkrankung und damit verbundene Körperbehinderung). Die Konfrontation mit der (noch nicht akuten) tödlichen Bedrohung löst zwangsläufig meine individuellen Kompensationsstrategien aus. Ich erreiche die angestrebte Angstminderung durch Informationssuche und gedankliche Auseinandersetzung mit dem Problem. Die Reduktion der psychischen Belastung ist allerdings nur für das aktuelle Krankheitsstadium wirksam. Bislang muß ich mit jeder weiteren Verschlechterung, und jedem Schritt in Richtung des angstauslösenden Punktes, die veränderte Situation neu zu bewältigen versuchen.

Zu Beginn der inhaltlichen Auseinandersetzung mit dieser Arbeit führte ich einige qualitative Interviews mit ebenfalls Betroffenen verschiedener Schweregrade durch.[3] Darüberhinaus sammelte ich Informationen um das Thema Tod aus den verschiedensten Gebieten. Eine anschließende Selektion erbrachte einerseits die Schwerpunkte "Physiologie" und

---

[1] S2 Kultur, 8.11.1994, 10.05-10.30
[2] vgl. von Goddenthow, 1989, 112
[3] eine Kurzvorstellung der zitierten Interviewpartnerinnen findet sich im Anhang

"Gesetzeslage ...", die als Informationsbasis für meine, in den folgenden Kapiteln ("Ethik und Religion", "Psychologie") entwickelte, Meinung zur Sterbehilfe dienen sollen. Aufgrund der Übersichtlichkeit sind die Teile der Arbeit, die aus den Interviews oder aus Berichten von Bekannten stammen, also dem Leser keine Überprüfung auf Richtigkeit ermöglichen, optisch durch einen anderen Schrifttyp kenntlich gemacht.

Der Tod macht alle Menschen gleich. Er ist sowohl das Allgemeinste (ein toter König ist gleich tot wie ein toter Arbeiter) als auch das Individuellste (im Sterben ist jeder allein, auch wenn eine andere Person zur gleichen Zeit stürbe).[1]

2. Physiologie

"Man stirbt, wie es gerade kommt, man stirbt den Tod, der zu der Krankheit gehört, die man hat (denn seit man alle Krankheiten kennt, weiß man auch, daß die verschiedenen letalen Abschlüsse zu den Krankheiten gehören und nicht zu den Menschen; und der Kranke hat sozusagen nichts zu tun)."[2]

In der Medizin wurden in der ersten Hälfte des 19.Jahrhunderts wissenschaftliche Normen des optimalen Funktionierens des Körpers und der Abweichungen von dieser Norm beschrieben. Das Alter wurde damals ausschließlich als pathologischer Zell- und Gewebedegenerationsprozeß aufgefaßt.[3] Heutzutage bieten die Fortschritte der Medizin vielen Menschen die Möglichkeit älter zu werden. Ein plötzlicher Tod aufgrund von Krankheit, Kälte, Seuchen und Hunger gibt es in der westlichen Welt nur noch in den seltensten Fällen. Der Tod rückt langsam näher und bietet dadurch die Chance, sich auf das Sterben einzustellen. Diese Chance wird jedoch selten wahrgenommen, da uns die Medizin andererseits suggeriert, den Tod beliebig hinauszögern zu können.[4] Man versucht ihn zu überlisten, indem man ihn mit einem großen medizinischen Aufwand aufschiebt.

2.1. Das Sterben und der Tod aus physiologischer Sicht

Vor der Existenz des modernen medizinischen Todes war in der Bevölkerung eine große Furcht vorhanden, als Scheintoter lebendig begraben zu werden. Die damaligen Überlegungen, ob man tot sei, ist nun durch die Frage abgelöst, wann man tot ist.[5] Damals waren die Kriterien für den eingetretenen Tod das Aufhören der Atmung und des Pulsschlags, das Ausfallen des Cornealreflexes, die Totenflecken, die Leichenblässe und die fehlende Reaktion auf das Ansprechen.[6]

---

[1] Noll, 1984, 116
[2] Rilke, 1980, zitiert nach Otto, 1986, D 22f
[3] Cole, Winkler, 1988, 54
[4] Jeggle, 1988, 157
[5] von Goddenthow, 1989, 141
[6] von Goddenthow, 1989, 47

Der Tod ist das Ende der letzten Lebensleistung, dem Sterben. Auch heute noch ist der Sterbevorgang meistens leise und ohne Dramatik. Das Leben endet häufig in der Erschöpfung. Der Kampf gegen das Versagen lebenswichtiger Funktionen dauert unabhängig vom Alter unterschiedlich lange. Im Beginn des Sterbeprozesses erlöscht in den meisten Fällen die Atmung oder der Herzschlag. Die damit verbundene Sauerstoffunterversorgung des Gehirns, und hier vorallem der Großhirnrinde, bedingt einen Verlust des Bewußtseins. Dies bedeutet, daß nur wenige Menschen den Tod bewußt erleben können.[1] Es ist allerdings auch wissenschaftlich nicht exakt zu definieren, wie lange während des Sterbeprozesses noch eine Bewußtheit möglich ist.[2]

Aus der Sicht der Ärzte und des Pflegepersonals definiert die Art der sogenannten "Sterbebahn", die zu erwartende Sterbedauer und den in der Folge daraus resultierenden Aufwand an Pflege. Eine lange Sterbebahn ist beispielsweise bei Krebskranken und anderen chronisch Kranken zu erwarten.[3] Für den Arzt ist ein Mensch, der an einer tödlichen Krankheit leidet, nicht zwangsläufig ein Sterbender. Er ist ein in Todesgefahr Schwebender, dessen Lebenserhaltung und falls möglich auch dessen Heilung von ärztlicher Seite stets angestrebt werden muß. Der eigentliche Sterbeprozeß beginnt nach medizinischer Auffassung mit der erheblichen Beeinträchtigung oder gar dem völligen Ausfall von elementaren körperlichen Lebensfunktionen.[4] So ist jeglicher Funktionsausfall der Atmung sofort lebensbedrohlich. Der Eintritt des "klinischen Todes" stellt den Zeitpunkt dar, zu dem es zum Atem- und Kreislaufstillstand kommt. Innerhalb von 4 bis 8 Minuten kommt es durch den Sauerstoffmangel und der Kohlendioxidansammlung in den Zellen zu einer irreversiblen Schädigung lebenswichtiger Organe ("biologischer Tod").[5] Wenn bei einem Organismus nach Reanimation für eine Zeitspanne von 1-48 Stunden die biologischen Grundfunktionen nicht wiederkehren, gilt der Tod als eingetreten, wobei die einzelnen Organe aber nicht gleichzeitig sterben.[6]

Der Nicht-Mediziner kennt nur eine Art von Tod und muß feststellen, daß der Arzt ein anderes Verständnis von Tod hat. Der ärztliche Tod liegt zeitlich vor dem anderen Tod, beziehungsweise in dessen Sterbephase.[7]

---

[1] von Goddenthow, 1989, 46
[2] Noll, 1984, 177
[3] von Goddenthow, 1989, 24
[4] Hanack, 1985, 39
[5] Thews et al. (Hrsg.), 1991, 224
[6] von Goddenthow, 1989, 47f
[7] hr 2, SR 2, 29.11.1994, 21.00

"Denke dann nicht, wenn es soweit ist und du hier ratlos an meinem Bett sitzt, daß ich tot sei. Das Leben dauert länger, als die Ärzte sagen. Der Übergang ist langwieriger, als wir bisher wußten."[1]

"Er hatte mehrere kleine Hirninfarkte [...] und lag also, so wie man uns das geschildert hatte, im Koma. [...]. Meine Geschwister haben schon gesagt: er nimmt auch nichts mehr wahr. Das ist nicht wahr!"[2]
Der beim Sterbenden am längsten funktionsfähig bleibende Sinn ist das Hören.[3] Die Vorstellung, der Sterbende bekäme nichts mehr von seiner Umwelt mit, ist daher keinesfalls immer richtig. Es sollte folglich beim Umgang mit Sterbenden immer daran gedacht werden, daß dieser eventuell noch hören und vielleicht sogar fühlen kann.

"Ich höre alles, was du sagst, auch wenn ich schweige und meine Augen gebrochen scheinen. Drum sag jetzt nicht irgendwas, sondern das Richtige. [...] und mir ins Ohr [...]. Ich höre.
Ich höre, obwohl ich schweigen muß und nun auch schweigen will."[4]

Mit der Weiterentwicklung elektrischer medizinischer Geräte (z.B. Elektroenzephalogramm, Elektrokardiogramm, ...) gelingt es immer sicherer, den Tod festzustellen. Eine Todesfeststellung mit Hilfe des Elektroenzephalogramms ist jedoch unter bestimmten Umständen (z.B. hohes Fieber) keinesfalls völlig zuverlässig.[5]
Für einen Beobachter sind die bei einem Sterbenden oft auftretenden unkoordinierten Bewegungen erschreckend.[6]
Janzen: [...], diese Menschen können aber Symptome zeigen, die vom Rückenmark gesteuert werden, sogenannte Spinalisationsphänomene und diese Phänomene können wir als Neurologen eindeutig identifizieren und nennen sie dann Spinalisationszeichen [...]
Moderator: Das sind Arm- und Beinbewegungen etwa, wenn Menschen von einer Beatmungsmaschine abgehängt werden und die manchmal so gedeutet werden, als wollten sie noch ein Zeichen

---

[1] Hampe
[2] Frau B (Kurz-Vorstellung der zitierten Interviewpartnerinnen im Anhang) erzählt vom Tod ihres Vaters
[3] von Goddenthow, 1989, 47
[4] Hampe
[5] von Goddenthow, 1989, 47f
[6] von Goddenthow, 1989, 46

geben oder jemanden umarmen. Sie sagen, das sind einfach unwillkürliche Reflexe.[1]

2.2. Die umstrittene Definition des Sterbezeitpunktes

Schon im 18. Jahrhundert beschrieb ein französischer Arzt die Möglichkeit, daß der Tod des Menschen nicht notwendigerweise erst mit dem Herzstillstand eintreten muß, sondern ein vorausgehendes Absterben des Gehirns der Tod des Organismus' sein könnte.[2]
In der heutigen medizinischen Fachliteratur wird der Tod als Abfolge irreversibler Verluste der Atmungs-, Kreislauf- und Zentralnervensystemfunktion beschrieben. Der Tod als das Ende des Lebens gilt als eingetreten, sobald der Organtod des Gehirns (Hirntod) festgestellt wird.[3]
"[...] Man muß natürlich sagen, daß die Definition des Hirntodes ja [...] fortgeschrieben wird, nicht weil wir immer wieder einen neuen Hirntod sozusagen erkennen, sondern das Syndrom ist festgeschrieben; [...] die Differenziertheit der Vorphase und auch, sagen wir mal, die Schnelligkeit mit der die Diagnose sicher gestellt werden kann verbessert sich - in kleinen Schritten, [...]"[4]
Beim Hirntod ist der wirkliche Zeitpunkt des Todeseintritts nicht eindeutig feststellbar. Aus diesem Grund wird der Zeitpunkt, zu welchem die endgültigen diagnostischen Feststellungen getroffen werden, als Todeszeitpunkt dokumentiert.[5]

Moderator: Brauchen Sie denn diese Hirntod-Definition eigentlich. Spekulieren wir doch einmal: Wenn es diese Möglichkeit zur Transplantation nicht gäbe, würden Sie sagen, dennoch ist es wichtig, eine Art Bestimmung vorzunehmen?
Janzen: Ich denke, man braucht Kriterien in der Intensivmedizin nicht nur am Organ Hirn, sondern es gibt auch andere Kriterien in der Intensivmedizin, die es aussichtslos erscheinen lassen, die Medizin weiter zu betreiben. Und wir brauchen solche klaren Eckpunkte, an denen wir uns orientieren können. Die auch diagnostisch eine absolute Sicherheit erreichen müssen. Das muß man fordern. Und die Kriterien des Hirntodes, das sage ich als Neurologe, der das seit über 20 Jahren macht, die sind so gefaßt, daß

---

[1] DLF, 26.8.1994, 10-11.30
[2] Erb in: DLF, 26.8.1994, 10-11.30
[3] Pschyrembel, 1990, 1683
[4] Jörns in: DLF, 26.8.1994, 10-11.30
[5] hr 2, SR 2, 29.11.1994, 21.00

wenn man sie zweckmäßig und richtig medizinisch anwendet, daß kein Irrtum möglich ist. Es gibt für jede Situation, wo Zweifel sind, die nur manchmal allerdings von nur sehr erfahrenen Kollegen kommen können und weil sie eine sehr lange Erfahrung brauchen, daß dann die Kriterien schwierig sein können, aber das ist für einen erfahrenen Neurologen, Neurochirurgen oder auch sonst erfahrenen Arzt in dieser Situation möglich, eine ganz klare Diagnose zu stellen. Und wenn daran Zweifel geäußert werden, dann ist es fast regelmäßig so, daß irgendwelche Punkte aus den Richtlinien der Bundesärztekammer nicht korrekt beachtet worden sind. Das kann man ziemlich sicher sagen.[1]

Es kann nicht von einem wirklichen Tod ausgegangen werden, solange Atmung und Blutkreislauf funktionieren oder auch am Funktionieren gehalten werden. Sie wirken anders, als die noch lange nach dem Tod weiterwachsenden Zähne und Haare auf die Gesamtheit der Organe und werden daher im Krisenfall auch künstlich aufrechterhalten. Ein Hirntoter befindet sich also vielmehr in einem Übergangsstadium in den Tod, bis auch Atmung und Blutkreislauf ausfallen.[2]

"[...] Für mich ist der Mensch [...] tot, wenn er überhaupt nicht mehr auf seine Umwelt, auf irgendwelche Reize, die auf die Haut oder so auf ihn ausgeübt werden, reagiert. Dann ist er tot. Und das schließt zum Beispiel dieses Stadium der spinalen Reflexe mit ein. Also, dann ist er für mich noch nicht tot. Solange er noch reagiert auf das Schneiden bei der Explantation der Organe, sondern: der Hirntod ist der letzte, der sicherste Vorbote des Todes, aber nicht der Tod."[3]

Nachdem der Hirntod eingetreten ist, ist der Organismus keine selbständige und selbsttätige Einheit mehr, auch wenn danach bestimmte Funktionen noch durch Maschinen aufrecht erhalten werden können. Nach seinem Eintritt ist es auch für die Kritiker des Hirntod-Kriteriums eindeutig und unumstritten, daß der Betreffende niemals mehr ins Leben zurückgeholt werden kann.[4] Ein Hirntoter wirkt aber für Außenstehende so, als würde er noch leben. Aus diesem Umstand heraus haben viele Menschen vor allem emotionale Schwierigkeiten, den Hirntod als Todeskriterium anzuerkennen.[5]

---

[1] DLF, 26.8.1994, 10-11.30
[2] hr 2, SR 2, 29.11.1994, 21.00
[3] Jörns in: DLF, 26.8.1994, 10-11.30
[4] Renner in: DLF, 1.11.1994, 10-11.30
[5] Honnefelder in: DLF, 1.11.1994, 10-11.30

"Die Schilderung [...] lautete "Hirntote sind Tote, die wie Lebende wirken". Und ich glaube, man muß erst einmal sagen, daß es Hirntote sind und keine Toten, sondern wir wissen nur, daß bei diesen Patienten - und das können wir nachweisen - daß die Hirnfunktion irreversibel gestört ist; damit meinen wir: die wesentlichen Hirnfunktionen, die sogenannte Gesamthirnfunktion, ein Begriff, den wir in der Neurologie normalerweise nicht brauchen. Ein Begriff, den wir im Zusammenhang mit der Feststellung des Hirntodes einführen müssen. Und damit wollen wir ausdrücken, daß tatsächlich und irreversibel, das heißt durch keine Maßnahme, die wir zur Zeit kennen, auch denke ich, in Zukunft kennen werden, das Gehirn wiederbelebt werden kann, sei es im Zustand einer wieder normalen Funktion, das ist üblicherweise nicht zu erwarten oder auch in einer Defektsymptomatik der Patient überleben kann."[1]

Mit dem Eintritt des Todes endet jede ärztliche Hilfe.[2]

"Der Mensch ohne die Spur jeden Selbstbewußtseins wäre gleichsam nur noch biologisches Präparat, ein Halbleichnam, dem am Leben zu erhalten möglicherweise erwünscht sein kann, um ein Reservoir für Organtransplantationen zu haben, nicht aber aus ärztlich-ethischen Gründen."[3]

2.3. Die Organtransplantation

Seit 26 Jahren ist es medizinische Praxis, Menschen unter Berufung auf den Ausfall ihrer Hirnfunktion für tot zu erklären. Für die Entwicklung der Transplantationsmedizin war diese Todesdefinition, die in Deutschland jährlich auf einige tausend Menschen zutrifft, entscheidend, denn bislang war dieser medizinische Bereich auf Lebendspenden angewiesen. Solche Spenden konnten natürlich fast ausschließlich nur Doppelorgane wie die Niere sein (Ausnahme: Leber, da diese nachwächst). Hirntote sind deshalb ideale Organspender, weil sie nach der medizinischen Definition Tote sind, deren Organe nahezu unbegrenzt frisch gehalten werden können. Mittlerweile ist der medizinische Fortschritt soweit, daß auch fast alle Organe transplantiert werden können.[4] Mit einer Transplantation wird versucht, dem Menschen zu einer Fortsetzung seines Lebens zu verhelfen, welches ohne die Transplantation, also mit den eigenen Organen, beendet wäre. Diese medizinische

---

[1] Janzen in: DLF, 26.8.1994, 10-11.30
[2] Hanack, 1985, 39
[3] Thielicke, 1979, 33, zitiert nach Otto, 1986, D 24
[4] Erb in: DLF, 26.8.1994, 10-11.30

Methode ist inzwischen beinahe zur Routine geworden. Die Motivation zu dieser Behandlung ist von Seiten der Ärzte die unmittelbare Hilfe für den individuellen Patienten und insofern keine unterschiedliche zu der sonst üblichen.[1]
Die Feststellung des Hirntodes als der Voraussetzung für die Explantation von Organen muß von zwei Ärzten unabhängig voneinander festgestellt werden. Diese dürfen außerdem nicht Mitglieder des Transplantationsteams sein.[2]

Das einzige Organ, welches bislang noch nicht transplantiert werden kann, ist das Gehirn. Teile dieses Organs werden versuchsweise allerdings schon Kranken eingepflanzt. Hierzu werden aus den Gehirnen von abgetriebenen Feten diejenigen Gebiete (Teile des Mittelhirns) entnommen, die für die Dopaminproduktion zuständig sind. Dieses Hirngewebe wird Parkinson-Patienten mit der Hoffnung implantiert, daß diese Zellen dann das fehlende Dopamin liefern. Diese Funktion wird nicht mehr durch das bei dem Patienten dafür zuständige Hirnareal ausreichend erfüllt. Die Folgen einer solchen Hirngewebe-Transplantation sind allerdings noch nicht abschätzbar. Bisher wurde zudem keine Heilung bei den behandelten Patienten bewirkt.[3] Eine besonders große Gefahr bei dieser Maßnahme liegt meines Erachtens vor allem in der Tatsache, daß sie nicht mehr rückgängig zu machen wäre.
Eine kleine lokale Veränderung im Gehirn, wie sie bei der Transplantation von embryonalem Hirngewebe geschieht, kann große systemische Veränderungen im Gehirn auslösen und dadurch sehr unspezifische Reaktionen verursachen.[4]

2.4. Die Therapie der Schmerzen

Der Sinn des Schmerzes liegt in seiner lebenserhaltenden Funktion. Sein Auftreten warnt vor Gefahren, die die Integrität verletzen könnten. Im unerträglichen Schmerz eines Krebskranken im Endstadium ist, da keine Heilungschance mehr besteht, jedoch kein Sinn mehr zu finden.
"Hier hört jede mögliche Sinngebung auf, und es bleibt nur noch das Morphium."[5]
"[...] starke Schmerzen, an der Grenze des Erträglichen. Die Mittel nützen nichts, [...]"[6]

---

[1] Renner in: DLF, 1.11.1994, 10-11.30
[2] Pschyrembel, 1990, 700
[3] hr 2, SR 2, 29.11.1994, 21.00
[4] Linke in: hr 2, SR 2, 29.11.1994, 21.00
[5] Noll, 1984, 41
[6] Noll, 1984, 229

Es ist leider nicht davon auszugehen, daß die moderne Anästhesie jeden Schmerz beseitigen oder wenigstens bis zu einem erträglichen Maße dämpfen könnte.[1]

"[...] schwerwiegende Erkrankungen, die mit starken Schmerzen einhergehen und man könnte sagen, man kann wirklich mit bei über 95% durch entsprechende Gabe von Schmerzmedikamenten den Schmerz weitgehend ausschalten, [...]"[2]

Bei über 90% der an Krebs Erkrankten, die in der Endphase an Schmerzen leiden, können diese auf ein zumindest erträgliches Maß reduziert werden.[3]

"Die Schmerzen in der Blase kommen und gehen, unabhängig von den Mitteln, die ich nehme."[4]

In Fachkreisen schätzt man, daß in Deutschland etwa 60% der Schmerzpatienten nicht ausreichend und befriedigend behandelt werden, da die zuständigen Ärzte immer noch das Vorurteil pflegen, der Patient könne von dem dafür erforderlichen Morphium süchtig werden. Diese Vermutung ist nicht begründet und in Anbetracht einer geringen Lebenserwartung des Betroffenen sowieso nicht als relevant einzustufen.[5] Bei richtiger Anwendung der Schmerztherapeutika kann fast jeder Schmerz, auch der von Karzinomkranken, wenigstens gelindert werden. Anfangs kann das Morphium oral eingenommen werden. Wenn dies nicht mehr ausreicht, wird es gespritzt. In dieser Hinsicht haben Menschen, die sich nicht in den Klinikbetrieb begeben, den Vorteil, daß sie nicht um jede Injektion beim Pflegepersonal bitten müssen. Morphium beeinträchtigt das Bewußtsein nicht stark. Als zusätzlichen Effekt bewirkt es eine starke Euphorisierung und nur in starker Dosierung ist diese mit Halluzinationen verbunden.[6]

Die sonst gebräuchlichen Schmerzmittel verursachen als Nebenwirkung Müdigkeit und manchmal auch Übelkeit.[7]

"[...], wobei in Kauf genommen wird, daß manche dieser Mittel auch Einwirkungen auf das Atemzentrum haben, daß also die Atmung dadurch vielleicht beeinträchtigt wird. [...]"[8]

---

[1] Otto, 1986, D 58
[2] Furch in: hr 2, 12.6.1994, 21.00
[3] von Goddenthow, 1989, 56
[4] Noll, 1984, 227
[5] von Goddenthow, 1989, 58
[6] Noll, 1984, 258
[7] Noll, 1984, 265
[8] Furch in: hr 2, 12.6.1994, 21.00

Die Bekämpfung der Schmerzen kann somit das Leben verkürzen. Demgegenüber können aber auch die unbehandelten Schmerzen, ebenso wie Angst einen lebensverkürzenden Effekt haben.[1]

2.5. Zur Sterbehilfe

"[...] Wenn Sie sich entschlossen haben aus dem Leben zu scheiden, - was ist das sicherste Mittel? Ich weiß es nicht. Und zwar deshalb, weil man das für niemanden allgemein sagen kann. Das kommt auf Ihre ganz besondere Lebenssituation und Körpersituation an. [...]"[2]

Von Angehörigen des Pflegepersonals wurden alten, schwerkranken Menschen Injektionen mit Kaliumchlorid[3], Luft oder Insulin verabreicht, um sie zu töten. Die angebliche Absicht war dabei, diesen Menschen weiteres Leid zu ersparen. Es ist mir nicht bekannt, zu welcher Form des Sterbens diese Methoden führen. Der inzwischen stark kritisierte ehemalige Leiter der DGHS Atrott verkaufte Menschen, die um Sterbehilfe baten, Cyankali. Der dadurch verursachte Sterbeprozeß soll sehr unangenehm sein, weil Cyankali ein langsames Ersticken bewirkt. In den Niederlanden wird bei der aktiven (legalen!) Sterbehilfe zuerst ein starkes Beruhigungsmittel verabreicht. Wenn der Betreffende daraufhin eingeschlafen ist, injiziert der Arzt ein Curare-Präparat, um den Tod herbeizuführen.[4]

"[...] unter der Voraussetzung, daß die schweizerischen ärztlichen Kollegen dieser Gesellschaft Frau Paretti lange kannten, sie war sehr schwer krebskrank und hatte mit diesen Ärzten schon lange erörtert: "Es gibt einen Zeitpunkt, wo ich sagen werde, ich will so nicht mehr leben". Und sie haben ihr Hilfe zugesagt und es ist dann die Sterbehilfe mit Barbituraten geleistet worden. Frau Paretti ist eingeschlafen und nicht wieder aufgewacht. [...]"[5]

---

[1] von Goddenthow, 1989, 54
[2] Pohlmeier zu dem Hörer-Anruf von Frau U in: hr 2, 12.6.1994, 21.00
[3] Reichenbach, 1990, 319
[4] NORD 3, 30.11.1994, 23.25
[5] Pohlmeier in: hr 2, 12.6.1994, 21.00

Es ist falsch, daß die aktive Sterbehilfe ausnahmslos strafbar ist.[1]

3. Die Gesetzeslage zur Sterbehilfe

Die Auffassungen, ob von Seiten der deutschen Gesetzgebung noch ein Handlungsbedarf bezüglich Sterbehilfe besteht, gehen weit auseinander:
Pelzl vertritt die These, daß die aktuelle Strafrechtsauslegung auch ausreichende Möglichkeiten bietet, sogar extreme Einzelfälle lösen zu können.[2] Nach Ansicht der DGHS dagegen ist die Sterbehilfe in Deutschland bislang nicht gesetzlich geregelt.[3] Diese Gesellschaft sieht somit auch weiterhin ihre Aufgabe darin, die Änderung von entsprechenden Gesetzen zu verlangen und die Forderung nach Entkriminalisierung der Sterbehilfe zu postulieren.[4]

3.1. Gesetzliche Regelungen
3.1.1. Artikel 2, Absatz 2, Satz 1 (GG)

Jeder hat das Recht auf Leben und körperliche Unversehrtheit.

Aus dieser grundgesetzlichen Garantie des Rechts auf Leben und körperliche Unversehrtheit resultiert zwar durchaus Bedeutung dafür, ob lebensrettende Eingriffe in die Körperintegrität eines anderen gegen seinen Willen zulässig seien oder nicht. Er enthält dagegen aber keine unmittelbar verbindliche Aussage auf ein Recht auf Selbsttötung, andererseits jedoch auch nicht auf ein diesbezügliches gesetzliches Verbot.[5]

3.1.2. Artikel 2, Absatz 1 (GG)

Jeder hat das Recht auf die freie Entfaltung der Persönlichkeit, soweit er nicht die Rechte anderer verletzt und nicht gegen die verfassungsmäßige Ordnung oder das Sittengesetz verstößt.

---

[1] Otto, 1986, D 43
[2] Pelzl, 1994, 196
[3] DGHS, 1994, I.
[4] DGHS, 1994, 2
[5] Otto, 1986, D 12

Interpretiert man die Selbsttötung als Ausdruck freien Verhaltens einer Person, so fällt diese Handlung also auch unter die Garantie des Grundgesetzes, unter dem Vorbehalt, daß nicht die Rechte anderer, das Sittengesetz oder die verfassungsmäßige Ordnung diesem entgegenstehen. Dies ist die Auffassung des Bundesverfassungsgerichtes, welches damit besagt, daß dieser Artikel nicht nur die Entfaltung jenes Bereiches der Persönlichkeit bedeutet, der das Wesen des Menschen als geistig-sittliche Person ausmacht, sondern auch die allgemeine menschliche Handlungsfreiheit im umfassenden Sinne einbezieht.[1]

Im Jahre 1954 war es allerdings für den Bundesgerichtshof noch selbstverständlich, daß das Sittengesetz die Handlungsfreiheit bezüglich einer Selbsttötung beschränkt. Daher mißbilligt der Bundesgerichtshof diese Tat, allerdings von äußersten Ausnahmefällen vielleicht abgesehen. Niemand dürfe selbstherrlich über sein eigenes Leben verfügen und sich töten. Die Auslegung des Sittengesetzes hat der Senat in diesem Zusammenhang nicht näher erläutert, genausowenig wie die extremen Ausnahmefälle, die davon eventuell nicht betroffen wären.[2]

3.1.3. Artikel 1, Absatz 1 (GG)

Die Würde des Menschen ist unantastbar. Sie zu achten und zu schützen ist Verpflichtung aller staatlichen Gewalt.

Man kann aus diesem Gesetz kein Recht auf Selbsttötung postulieren. Hier findet das christlich geprägte abendländische Kultur- und Menschenverständnis seinen Ausdruck:

"Insoweit trifft Löwiths Feststellung zu, daß es für das Recht auf Selbstvernichtung nur ein einziges stichhaltiges Argument gibt, das mit dem christlichen Glauben steht und fällt: Das Recht auf Selbstvernichtung widerspricht der Setzung, daß der Mensch ein Geschöpf Gottes ist, das sein Leben als Gabe geschenkt bekam."[3]

Es besteht aber ein Wertungswiderspruch zwischen einerseits der Handlungsbeschränkung nach Artikel 1, Absatz 1, Satz 1 GG, den eigenen Tod willkürlich herbeizuführen und andererseits der Tatsache, daß eine Person gerade auch (oder: nur) im Sterben

---
[1] Otto, 1986, D 12
[2] Otto, 1986, D 13f
[3] Löwith, 1966, 278, zitiert nach Otto, 1986, D 17

Würde verwirklichen kann.[1] Diese Wertschätzung des Lebens des Grundgesetzgebers ist jedoch als geistiger Appell aufzufassen und nicht als Pflicht, wider Willen leben zu müssen.[2]
Das Recht auf den eigenen Tod wirft die juristisch relevante Frage auf, ob es Situationen gibt, in denen der Schutz des menschlichen Lebens, also auch der Schutz der menschlichen Würde im Leben, hinter der Achtung der menschlichen Würde im Sterben zurückstehen muß. Dies könnte der Fall sein, wenn das Leben selbst sinnlos geworden ist und der weitere Schutz des Lebens das menschenwürdige Sterben versagen würde.[3]
Schmidhäuser bezeichnet die Selbsttötung sehr rigide generell als rechtswidrig. Er schließt aber dennoch eine Bewertung der Selbsttötung als widerrechtlich aus, wenn das Leben unzumutbar ist. Dieses Kriterium sieht er auch als erfüllt an, wenn eine unheilbare schwere Krankheit vorliegt:

"[...], daß der Mensch sein ihm irgend noch zumutbares Leben selbst zu achten hat (unzumutbar kann es werden, bei unheilbarer schwerer Krankheit, Gefahr einer Folterung durch Verbrecher und in ähnlichen Fällen) [...]".[4]

Der Versuch der Selbsttötung ist nicht unter Strafe gestellt.[5] Es läßt sich jedoch keine einheitliche weiterverweisende juristische Antwort auf die Frage nach dem Recht, sich selbst zu töten, geben. Der Einzelne hat folglich keinen Anspruch gegenüber den anderen Mitgliedern der Rechtsgesellschaft, seinen Anspruch zu achten, wenn er sich selbst töten möchte.[6] Nach weitverbreiteter Überzeugung muß jede Rechtsordnung, sofern sie den Anspruch auf Menschenwürdigkeit anstrebt, das Ziel haben, jedem Menschen ein sinnvolles, akzeptables und menschenwürdiges Leben und damit auch Sterben (!) zu gewährleisten. Diese weithin lebendige Überzeugung ist auch die Grundlage der Meinung, daß es nicht Aufgabe des Arztes sein kann, den Schmerz und die Agonie uferlos und ohne Sinn zu verlängern.[7] Die Würde des Sterbenden wird gerade dann verletzt, wenn versucht wird, den Sterbeprozeß gegen den Willen des Betroffenen zu beeinflussen. Der eigene Tod wird dabei durch einen fremdbestimmten Tod ersetzt. Der ihm als

---

[1] Otto, 1986, D 26
[2] Otto, 1986, D 21
[3] Otto, 1986, D 24
[4] Schmidhäuser, 1983, 2/9, zitiert nach Otto, 1986, D 18
[5] Otto, 1986, D 29
[6] Otto, 1986, D 21
[7] Otto, 1986, D 27

Person eigene Tod wird verweigert. Eine Würde im Sterben kann in ganz unterschiedlicher Weise ermöglicht werden. Bedingung ist dabei jedoch, daß die Art des Sterbens nach dem Willen des Patienten erfolgt. Hierbei ist es ohne Bedeutung, ob das Sterben als leises Einschlafen oder als qualvolles Sichaufbäumen geschieht. Jeder Arzt, der den Willen des Sterbenden ignoriert, handelt pflichtwidrig.[1]

Eine Schwierigkeit entsteht allerdings weiterhin auch dadurch, daß es nicht eindeutig ist, wer die Entscheidungsbefugnis bezüglich der Frage hat, ob die Achtung der menschlichen Würde eher durch Weiter-"Leben" oder durch Sterben gewahrt wird. Wird diese Entscheidung der individuellen Person zugestanden, wird gegebenenfalls der Artikel 1, Absatz 1, Satz 1 GG verletzt. Liegt die Entscheidung demgegenüber aber bei der Rechtsgesellschaft (d.h. die Entscheidung der anderen wird für verbindlich erklärt), so ist dadurch der Anspruch der betroffenen Person auf Achtung seiner Würde (und seine Selbstbestimmung) als Person grob verletzt.[2]

Wenn eine Situation vorliegt, in der auch nach den Wertvorstellungen der Rechtsgesellschaft die Herbeiführung des Todes durch das Individuum als eine auf Verwirklichung von Würde gerichtete Entscheidung angesehen werden kann, ist allein der Wille des Betroffenen verbindlich. In dieser für den Betroffenen existenziellen Grenzsituation darf ihm nicht die Achtung als Person verweigert werden, wenn er sein Recht auf Freiheit und Selbstbestimmung wahrnimmt und das Recht auf den eigenen Tod für sich einfordert.[3]

Diese Ausgangssituation eines schwerstkranken oder verunfallten Menschen unterscheidet sich deutlich von der Problematik der sogenannten Früheuthanasie. Es darf hier keine Parallele in dem Sinne gezogen werden, daß in der Problematik um die Früheuthanasie die Vernichtung von sog. lebensunwertem oder lebensunwürdigem Leben gleichermaßen gerechtfertigt werden kann.[4]

Die Selbsttötung ist in erster Linie als Vernichtung des Eigenwertes zu beurteilen, die der Wertsetzung des Grundgesetzes widerspricht. Es ist hierbei aber zu beachten, daß dem Anspruch auf menschliche Würde durchaus durch eine Selbsttötung entsprochen werden

---

[1] Otto, 1986, D 38
[2] Otto, 1986, D 26
[3] Otto, 1986, D 27f
[4] Otto, 1986, D 28, Fußnote 63

kann. Die Selbsttötung ist also dann rechtlich nicht anzufechten, wenn sie den Anspruch auf Würde des Menschen erst realisiert.[1]
"So gilt z.B. allgemein der Verzicht auf das eigene Leben als rechtsbeachtlich und mit dem Anspruch auf Achtung menschlicher Würde vereinbar, wenn dieser Verzicht zur Rettung anderer Leben erfolgt."[2]
"Gleiches muß gelten, wenn die Selbsttötung darauf abzielt, einer anders nicht behebbaren Verletzung des Anspruchs auf Achtung menschlicher Würde ein Ende zu bereiten oder diesen Anspruch im Tode zu verwirklichen. Ein rechtliches Unwerturteil über die Selbsttötung kann hier nicht gefällt werden."[3]

3.2. Rechtliche Fragestellungen
3.2.1. Die Aufklärung des Patienten

Der Arzt unterliegt der generellen Aufklärungspflicht gegenüber dem Patienten. Eine Aufklärung ist bei jedem Eingriff in dessen körperliche Integrität erforderlich. Verschärft gilt dies für jene Situationen, in denen es beispielsweise durch Schmerzlinderung zu einer wesentlichen Beeinträchtigung der Bewußtseinslage des Betroffenen kommen wird. Voraussetzung für die Legalität einer solchen Behandlung ist das Wissen und das Einverständnis über diese Folge von Seiten des Patienten.[4] Aufgrund des Anspruchs des Betroffenen auf Achtung seiner Würde hat dieser auch schon bei Aufnahme der Behandlung ein Recht auf Aufklärung über seine Situation.[5] Wenn ein Arzt im Gegensatz zum Patient beispielsweise von dessen nahen Tod weiß, ist er in der Verpflichtung, diesen aufzuklären, damit der Kranke sich auf sein Sterben vorbereiten kann.[6] Mit jeder Veränderung des Zustandes des Patienten im Behandlungsverlauf ist der Arzt zur weiteren Aufklärung des Patienten verpflichtet! Es muß bei der Aufklärung des Patienten allerdings Rücksicht auf seine psychische und physische Verfassung genommen werden. Diese Rücksicht darf jedoch nicht so weit gehen, daß der Patient nicht über den Ernst der Situation

---

[1] Otto, 1986, D 20
[2] Dürig, Art.2, Abs.II, Rdnr.12, in: Maunz/Dürig, 1984, zitiert nach Otto, 1986, D 20
[3] Otto, 1986, D 20f
[4] Otto, 1986, D 97
[5] Otto, 1986, D 31f
[6] von Goddenthow, 1989, 52

aufgeklärt wird, da ihm sonst die Möglichkeit genommen würde, dem bevorstehenden Tod in Würde entgegen zu gehen und ihn in Würde anzunehmen. Wenn aber konkrete Anhaltspunkte dafür vorhanden sind, daß der Betroffene die Aufklärung psychisch und physisch nicht verkraftet, kann die Aufklärung dennoch unterbleiben. Es gibt also keine Pflicht, daß der Betroffene durch eine Aufklärung in Angst und Hoffnungslosigkeit versetzt wird und er in seinen letzten Sterbestunden oder -tagen unverhältnismäßig psychisch belastet wird. Ein Unterlassen der Aufklärung kann rechtlich folglich nur dann akzeptiert werden, wenn der Patient die Vorstellung eines baldigen Todes nicht ohne schwere Schäden für Psyche oder Physis in seine Gedanken integrieren kann.[1]

Diese Einschätzung der Belastbarkeit des Patienten wird selbstverständlich in der Praxis vom behandelnden Arzt vorgenommen. Somit besteht also die Gefahr, daß dieser eher nach seiner jeweiligen Überzeugung (oder seinem individuellen Bedürfnis, denn es ist selbstverständlich keine leichte Aufgabe, einen Patienten über seinen nahen Tod aufzuklären), statt nach dem eigentlichen Bedürfnis des Patienten handelt.

Moderator: In den Erläuterungen zu den Richtlinien heißt es dann, daß der Wille des Patienten nach angemessener Aufklärung zu respektieren ist. Warum heißt es dort nur "angemessener" und nicht "vollständiger" Aufklärung. Bei solchen doch ganz einschneidenden Umständen fragt man sich doch: wie soll überhaupt ein Patient das beurteilen können, wenn er nicht vollständig aufgeklärt ist.

Furch: Ja, ich denke schon, daß die vollständige Aufklärung gemeint ist, aber nicht die, sagen wir mal, eine brutale Aufklärung, die den Menschen mit unmißverständlich klar macht, daß er nur noch kurze Zeit zu leben hat und ganz schweres Leiden. Daß er nicht mehr lang zu leben hat, muß der Arzt ihm sagen, aber sagen wir mal: eine hoffnungslose Situation ihm zu schildern, ist glaube ich nicht so vertretbar. Ich denke, daß das gemeint ist.

Pohlmeier: [...] da ist mit "angemessener Aufklärung" differenzierter gemeint, so aufzuklären, daß der andere,

---

[1] Otto, 1986, D 31ff

wie Sie schon sagen Herr Furch, es ertragen kann, aber auch, daß er es verstehen kann. Also damit ist auch gemeint, das aus der Fachsprache zu übersetzten, so für die Aufnahmefähigkeit des Betreffenden. [...] soweit aufzuklären, daß der andere nicht völlig in Verzweiflung gerät und noch kränker wird und noch früher stirbt. Also angemessene Aufklärung heißt nicht unvollständig, sondern auf die Situation bezogen. [...][1]

3.2.2. Die ärztliche Pflicht, menschliches Leben zu erhalten

Der Sterbeprozeß kann heutzutage durch die moderne Intensivmedizin fast willkürlich verlängert werden. Dieses Herauszögern des Sterbeprozesses darf dem Betroffenen nicht verweigert werden, sofern die Möglichkeit einer Verlängerung des Lebens besteht. Hierbei ist der Grund für den Patientenwunsch irrelevant.[2]

Aus juristischer Sicht ist der Arzt, auch wenn feststeht, daß die einzuleitenden lebensverlängernden Maßnahmen dem Patienten das Leben nur um wenige Stunden oder Tage verlängern, trotzdem verpflichtet diese durchzuführen, weil er grundsätzlich verpflichtet ist, alles ihm mögliche zu tun, um das Leben des Patienten zu erhalten. Unterläßt der Arzt diese Maßnahmen, kann er wegen fahrlässigem oder vorsätzlichem Tötungsdelikt belangt werden.[3]

"[...] Also bei uns hat gerade wieder das Bundesverfassungsgericht bestätigt, daß der Arzt normativ mit dem Lebensschutz verbunden ist: in der Entscheidung zum § 218. Das ist also ein sehr starker Ausdruck, der sich eben auf die Verfassung bezieht und auf die Präambel der Berufsordnung, wo jeder Arzt ja verpflichtet ist, menschliches Leben von der Empfängnis an zu erhalten [...]"[4]

Rechtlich ungeklärt ist in diesem Zusammenhang die Beurteilung einer selektiven Anwendung begrenzter medizinischer Kapazitäten, folglich also die Frage, unter welchen Bedingungen die ärztliche Behandlungspflicht ökonomischen Grenzen unterliegen kann.[5]

---

[1] hr 2, 12.6.1994, 21.00
[2] Otto, 1986, D 36
[3] Otto, 1986, D 34f
[4] Furch in: hr 2, 12.6.1994, 21.00
[5] Pelzl, 1994, 184

Der Arzt verletzt allerdings dann seine Pflicht zum Lebenserhalt nicht, wenn der sich seiner Lage bewußte Patient ganz deutlich zum Ausdruck gebracht hat, daß er keine lebensverlängernden Maßnahmen möchte.[1] Die ärztlicher Pflicht, menschliches Leben zu erhalten, ist außerdem durch die Pflicht, die Würde der Person im Sterben zu achten, begrenzt. Der Arzt begeht daher keinen Rechtsbruch, wenn er in einer solchen Situation eine Therapie abbricht oder keine neue einleitet, um ein höherrangiges Interesse, nämlich das der Würde des Menschen im Sterben zu wahren. Der Erhalt eines hirntoten 'Objektes' kann nicht mit dem Erhalt des Menschen und dem Erfüllen eines zuvor vom Patienten geäußerten Wunsches um ein möglichst langes Leben gleichgesetzt werden. Wenn der Betroffene allerdings verfügt hat, daß Organtransplantationen möglich sein sollen, ist die Würde des Betreffenden nicht durch den Erhalt des hirntoten Objektes verletzt.[2]

Die Pflicht des Arztes, Leben zu verlängern, endet gegenüber einem Patienten, der seinen Willen gegenüber Therapiemethoden nicht mehr äußern kann dort, wo eine Verlängerung des Sterbeprozesses nur noch zur Verlängerung von Leiden und Schmerzen führen würde. Eine entsprechende medizinische Maßnahme wäre sogar als Verletzung der menschlichen Würde des Patienten zu werten.[3]

> "Dann hat er noch, also am 12. August ist er gestorben, dann hat er noch am 6. oder 7. August hat er die Sonde von der Nase in den Magen einoperiert gekriegt. Und da habe ich geweint und habe gesagt: für welches Leben tun Sie das? [...] So etwas würde ich nicht mit einem Verbrecher machen!"[4]

Der Arzt kann auch in jenen Fällen auf die ihm zur Verfügung stehenden Maßnahmen verzichten, in denen er aufgrund klinischer Anzeichen erwartet, daß infolge des infausten Verlaufs der Tod irreversibel in kurzer Zeit eintreten wird.[5]

> "Beim Sterbenden, einem dem Tode nah Erkrankten oder Verletzten, bei dem das Grundleiden mit infauster Prognose einen irreversiblen Verlauf genommen hat und

---

[1] Otto, 1986, D 37, Fußnote
[2] Otto, 1986, D 37
[3] Otto, 1986, D 50
[4] Frau B (Kurzvorstellung der zitierten Interviewpartnerinnen im Anhang) erzählt vom Tod ihres Vaters
[5] Hanack, 1985, 39

der kein bewußtes und umweltbezogenes Leben mit eigener Persönlichkeitsgestaltung wird führen können, lindert der Arzt die Beschwerden. Er ist aber nicht verpflichtet, alle der Lebensverlängerung dienenden therapeutischen Möglichkeiten einzusetzen."[1]

Ein unwiderruflicher Bewußtseinsverlust eines Patienten wird als Begründung für einen von ärztlicher Seite einseitigen Abbruch der Behandlung allgemein gebilligt.[2] Wenn keine Chance mehr besteht, daß der Betroffene wieder zu Bewußtsein und Selbstbewußtsein gelangen kann, endet folglich für den behandelnden Arzt die Pflicht, Leben zu erhalten, da

"die Erhaltung eines Gebildes, das nur noch ein personal entleertes Gefäß des Humanum ist, zu dem sich keinerlei Kommunikation mehr ergibt und das nur noch die inhumane Rolle des Objekts spielen, aber nicht mehr eigenes Subjekt sein kann"

nicht Bewahrung menschlichen Lebens bedeuten kann. Hier greift auch nicht der Aspekt der Wahrung menschlicher Würde, da dieser nicht mit der bloßen Erhaltung der biologischen Funktionen in Übereinstimmung zu bringen ist.[3]

Der Heilauftrag des Arztes ist darauf gerichtet, menschliches Leben und nicht bloße biologische Funktionen zu erhalten.[4]

"[...] und wir würden im normalen Gang des ärztlichen Alltags einen Patienten, der den Zustand des Hirntodes erreicht hat, nicht mehr weiter behandeln."[5]

Der einseitige Behandlungsverzicht wird meist nicht von einem Mediziner allein beschlossen. An einer solchen Entscheidung sind in der Regel Ärzte verschiedener Fachrichtungen beteiligt.

Durch die Festlegung des Hirntodes als Todeszeitpunkt wird jede ärztliche Handlung durch das vollständige Absterben des Gehirns begrenzt. Umstritten ist zur Zeit die Behandlungspflicht von Ärzten gegenüber Apallikern, also Patienten, bei denen das Großhirn abgestorben ist, die Stammhirnfunktionen (vegetative Funktionen) aber noch erhalten sind.[6]

---

[1] Bundesärztekammer, 1985, zitiert nach Otto, 1986, D 27
[2] Pelzl, 1994, 183
[3] Thielicke, 1979, 30, zitiert nach Otto, 1986, D 73
[4] Otto, 1986, D 36
[5] Janzen in: DLF, 26.8.1994, 10-11.30
[6] Pelzl, 1994, 183

Die DGHS unterstützt Forschungen, die die Abgrenzung leisten sollen, zu welchem Zeitpunkt des Ausfalls lebenswichtiger Funktionen ein Abschalten medizinischer Apparate oder ein Nichtmehr-Verabreichen lebensverlängernder Medikation, juristisch nicht mehr als unterlassene Hilfeleistung zu bewerten ist.[1]

Die Pflicht des Arztes, jedes menschliche Leben mit allen verfügbaren medizinischen Methoden zu erhalten, geht in manchen Bestimmungen so weit, daß sie zur Entmündigung eines Suizidenten führt:

Harro Otto wirft dem Bundesgerichtshof in dessen Rechtsprechung die Mißachtung des Selbstbestimmungsrechts bei freiverantwortlich handelnden Suizidenten vor. Der Arzt ist danach zur Hilfe verpflichtet, auch wenn der schon eingetretene Sterbeprozeß bereits zu irreversiblen Schädigungen geführt hat. Diese Gleichsetzung des Suizidenten mit einer Person, die unzurechnungsfähig ist, widerspricht dem gewährleisteten Freiheitsschutz gemäß Art.2 Abs.2 S.1 GG. Im Falle einer fortgesetzten gleichen Rechtsprechung sieht Harro Otto Handlungsbedarf auf Seiten des Gesetzgebers.[2]

Der Arzt darf aber meines Erachtens andererseits auch nicht zur Sterbehilfe verpflichtet werden, wie dies eine niederländische Vereinigung fordert (Ärzte sollen juristisch verfolgt werden, wenn sie sich weigern, aktive Sterbehilfe zu leisten!). Eine solche Regelung würde dem Arzt verwehren, nach seinen persönlichen religiösen und ethischen Grundsätzen zu handeln, und den Wunsch des Patienten über die ureigensten Werte des Arztes als Mensch stellen. Wessen Würde in einer solchen kritischen Situation als schützenswerter einzustufen wäre, läßt sich hier von niemandem einstufen.

"[...] Es ist natürlich völlig undenkbar, daß die Ärzteschaft verpflichtet wird, beim Töten zu helfen. Das ist nicht ihre Aufgabe und das ist nicht ihr Beruf und das ist nicht ihr Auftrag. [...] eine Parallele: wir haben, so problematisch das ist, nach vielen Richtungen den Schwangerschaftsabbruch unter bestimmten Bedingungen straffrei. Und der muß von Ärzten durchgeführt werden. Natürlich und Gottsei-Dank kann ein Arzt, der das mit seinem Berufsbild und seinem Gewissen nicht verantworten kann, diesen Eingriff verweigern. [...] Aber es muß möglich bleiben, daß ich in ganz bestimmten Grenzsituationen meine Berufs-

---

[1] DGHS, 1994, I.
[2] Otto, 1986, D 99

aufgabe und mein Berufsbild und mein Berufsethos ... meine Berufsrolle, jetzt hab' ich es, für mich anders interpretiere. [...]"[1]

3.2.3. Der Wille des Patienten

"[...] Ich muß meine 92-jährige Oma, die abends am Samstag im Sessel einschläft, nicht gleich mit dem Hubschrauber in die Intensivstation bringen lassen. Ich kann 'mal warten, was daraus wird. Das ist nicht nur eine Sache der Medizin, das ist auch eine Sache der Bevölkerung, die sofort nach der Medizin greift, die sie dann nachher nicht mehr will. Das ist ganz wichtig. [...]"[2]

Es ist immer vom Willen des einsichtsfähigen Patienten abhängig, ob und in welchem Umfang Eingriffe in seine körperliche Integrität vorgenommen werden dürfen.[3] Diese Entscheidungsbefugnis nützt ihm aber nur, solange er urteilsfähig ist. Ist dies nicht (mehr) der Fall, sind alle Heilbemühungen nach dessen mutmaßlichen Willen durchzuführen.[4]

Furch: Ja, dabei fließt eben die gesundheitliche schwerwiegende Situation ein, die da alles verändert, was man [der Kranke] vorher sich vielleicht überlegt hat dazu.
[...]
Pohlmeier: [...] über den mutmaßlichen Willen, der ja weitgehend davon ausgeht, daß man sagt, wie möchte ich es jetzt eigentlich in dieser Situation, wo dieser Patient sich bewußtlos befindet. Das ist menschlich und es ist psychologisch auch kaum anders möglich. Und darin sehe ich den Sinn von Patientenverfügungen als Hilfsmittel: in diesen mutmaßlichen Willen ein bißchen Boden unter die Füße zu kriegen und Klarheit. [...][5]

Eine vorliegende Patientenverfügung ist für den gegenwärtigen mutmaßlichen Willen des Patienten zwar ein Anhaltspunkt, aber

---

[1] Pohlmeier in: hr 2, 12.6.1994, 21.00
[2] Pohlmeier in: hr 2, 12.6.1994, 21.00
[3] Otto, 1986, D 39
[4] Hanack, 1985, 39
[5] hr 2, 12.6.1994, 21.00

dennoch nicht verbindlich für den behandelnden Arzt. Diese Nichtverbindlichkeit der Verfügung begründet sich darin, daß diese jederzeit widerrufen werden könnte, wozu der Patient in der aktuellen Situation nicht mehr die Möglichkeit hat. Der Arzt hat sich in dieser Situation zu fragen, ob der Betroffene die Erklärung in seiner aktuellen Lage vernünftigerweise widerrufen würde.[1] Der Arzt ist dann zwangsläufig in der Situation, eine Entscheidung selbstverantwortlich treffen zu müssen. Liegen hier Anhaltspunkte für den Willen des Betroffenen vor, beispielsweise, daß dieser keine weitreichenden apparatemedizinischen Handlungsmaßnahmen will, so sollte die rechtliche Wertung hier genauso zu sehen sein, wie beim ausdrücklich erklärten Behandlungsverzicht von Seiten des Patienten.[2]

Pohlmeier fordert, daß die Patientenverfügungen für Ärzte verpflichtend werden.[3] Die Befürchtung, daß eine Situation eintritt, in der man seine Verfügung widerrufen möchte, aufgrund der aktuellen körperlichen Gegebenheiten (Koma, völlige Lähmung ...) dieses aber nicht mehr kann, ist meines Erachtens zu vernachlässigen. Keine Person ist gezwungen eine Patientenverfügung zu verfassen und kann sich durch ein solches Unterlassen generell der Einschätzung des Arztes in der aktuellen Situation einer Bewußtlosigkeit unterwerfen.

Auch Pohlmeier antwortet auf die Frage nach der drohenden Gefahr, die in seiner Forderung nach Verbindlichkeit der Patientenverfügungen steckt, daß er in einer solchen Situation lieber den Schutz seiner Patientenverfügung hat, statt der Gefahr ausgesetzt zu sein, daß seine Wünsche nicht respektiert würden, er aber diese Wünsche noch habe.[4]

Wenn ein einsichtsfähiger Patient in Erwartung des Verlustes seiner Personalität verfügt, daß im Falle des irreversiblen Zusammenbruchs seines Selbstbewußtseins jegliche Behandlung zu unterlassen ist, so ist, soll dieser vorher bekundete Wille beachtet werden, auch eine künstliche Ernährung unzulässig, um zu gewährleisten, daß der Tod bald eintritt.[5]

---

[1] Hanack, 1985, 39
[2] vgl. Otto, 1986, D 49f
[3] ZDF, 1.11.1994, 23.05-0.05
[4] ZDF, 1.11.1994, 23.05-0.05
[5] Otto, 1986, D 63

Moderator: [...], wir haben einen ersten Hörer am Telefon. Guten Abend Herr Hook.
Hook: Ja! Guten Tag. Ich rufe aus Torzheim-Sillerfelden im Harz an. Also es geht um einen Freund, der hat eine ALS, eine...
Moderator: eine amyotrophische Lateralsklerose
Hook: ...und der ist da ... im letzten Stadium liegt er. Und er hatte vor einer Woche ... wurde der Notarzt gerufen und man hat ihm eine künstliche Ernährung gegeben. Und er hat aber beim Amtsgericht verfügt, daß er nicht mehr künstlich ernährt werden soll. Und jetzt ist so die Frage: ist das rechtens? Er wollte also nicht mehr ernährt werden und jetzt wird er trotzdem künstlich ernährt. Der kann sich also gar nicht mehr verständigen, sondern nur noch durch Blickkontakt, indem er mit den Augen zwinkert. Das heißt einmal [="Ja"] und wenn er zweimal zwinkert, das heißt "Nein".
Moderator: Ja eine klare Frage Herr Pohlmeier. Kann man da auch so klar d'rauf antworten?
Pohlmeier: Es wundert mich, vorausgesetzt, daß ich das richtig verstanden habe - wenn er einen Betreuer hat im Sinne des Betreuungsgesetzes, müßte es möglich sein mit dem Amtsrichter durchzusetzen, daß die künstliche Ernährung eingestellt wird. Nun weiß ich nicht ganz genau, was Sie unter künstlicher Ernährung verstehen oder was da gemacht wird in dem Krankenhaus.
Hook: Nein. Er liegt zu Hause und hat jetzt einen Tropf bekommen, ist jetzt an die Sonde gekommen.
Pohlmeier: Das muß man nicht unbedingt künstliche Ernährung nennen. Also wir sprechen davon - man könnte seinem Wunsch entsprechen und müßte es meiner Ansicht nach auch tun, und der Amtsrichter müßte das auch so beurteilen: das noch eine Basisversorgung ... das ist noch etwas anderes als künstliche Ernährung ..., daß eine Basisversorgung gewährleistet ist, damit der Betreffende nicht verhungert oder verdurstet oder einfach ...
Hook: Ja, aber er hat vor 3 Wochen von sich aus die Nahrung verweigert und keine Nahrung mehr zu sich genommen. Also er ist praktisch da in den Hungerstreik getreten, weil er sterben wollte.

Pohlmeier: Gut. Darf ich mal fragen, waren Sie... wer ist der Betreuer - sie müssen natürlich keinen Namen nennen, ... war der Betreuer beim Amtsrichter?
Hook: Neee!
Pohlmeier: Das sollte er tun! Das wäre meine Antwort.
Moderator: Da haben wir doch einen klaren Hinweis, was man tun muß.
Hook: Jajaja.
Moderator: Ich glaube wir haben einen Tip geben können, wie man ihn vielleicht gar nicht anders geben kann. Denn wenn eine Erklärung beim Amtsgericht wirklich vorliegt, dann wäre es auch Aufgabe, die durchzusetzen.
Hook: Danke schön.
Moderator: Recht vielen Dank für ihren Anruf. Wiederhören.[1]

Auch wenn der Wille des Patienten aus ärztlicher Sicht eindeutig unvernünftig erscheint, ist der Arzt trotzdem daran gebunden (§ 223 StGB). Dies gilt auch für den Fall, daß die Verweigerung einer Heilbehandlung von Seiten des Patienten zum Tode führen wird. Dieses Selbstbestimmungsrecht ist verfassungsrechtlich durch Art.2 Abs.2 S.1 GG gesichert und schützt den Patienten (jedenfalls solange er seinen Willen noch bekunden kann) davor, zu einem Objekt der technisierten Intensivmedizin herabgewürdigt zu werden.[2]

Eine Patientenverfügung beinhaltet eine Erklärung dessen, was der Betreffende im Falle einer schweren Erkrankung oder eines schweren Unfalls an medizinischer Behandlung will oder verweigert. Die DGHS macht ihren Mitgliedern beispielsweise eine vorformulierte Patientenverfügung zugänglich:

Richtlinien zur Therapie im Sterbeprozeß
Sollte ich selbst außerstande sein, meinen Willen zu äußern, so verfüge ich im voraus folgendes:
1. Ich setze es als selbstverständlich voraus, daß mir meine Schmerzen stets genommen bzw. gelindert werden. [...], auch wenn dadurch der Tod früher eintritt.

---

[1] hr 2, 12.6.1994, 21.00
[2] Pelzl, 1994, 182

2. *Die Anwendung bzw. Fortsetzung lebenserhaltender Maßnahmen und die Therapie interkurrent auftretender Krankheiten lehne ich ab, wenn zwei Ärzte diagnostiziert haben,*
a) daß ein unumkehrbarer Sterbeprozeß eingetreten ist; oder
b) daß nur eine geringe Aussicht besteht, daß ich mein Bewußtsein wiedererlange; oder
c) daß eine hohe Wahrscheinlichkeit besteht, daß ich eine schwere Dauerschädigung meines Gehirns davontrage, die mir ein personales Dasein nicht mehr erlaubt; oder
d) daß nur eine risikoreiche Operation helfen könnte. Unter einer risikoreichen Operation verstehe ich eine solche, bei der die Wahrscheinlichkeit, daß ich sterbe, mit mindestens 80% zu bewerten ist.[1]

Pohlmeier: [...] Mitte / Ende der 50er Jahre hat Herr Kollege Uhlenbruck in Köln das sog. erste Patiententestament vorgelegt. Das ist im Prinzip dasselbe [, wie die Patientenverfügung ...]. Und vor allen Dingen ist sehr sinnvoll, daß wir unsere Mitglieder auffordern, diese Patientenverfügungen alle halbe Jahre zu bestätigen, damit nicht der Vorwurf und auch die Schwierigkeit eintritt: wenn das vor 5 Jahren abgefaßt ist, ist das jetzt noch so? [...] Beispiel [...] : Im Falle einer Bewußtlosigkeit möchte ich nicht - oder eines schweren Unfalls - möchte ich nicht länger als drei Monate auf einer Intensivstation behandelt werden. Solche konkreten Angaben sind da. Um nur 'mal ein Beispiel zu nennen. Es gibt die Meinung, man soll es allgemeiner halten, weil, wenn man die Situation sehr konkret untereinander schreibt, daß dann der Fall, der eingetreten ist, da nicht aufgeführt ist, und daß es besser ist, das allgemein zu halten. [...] es gibt ernsthafte Kreise von Juristen, also: Richtern, Staatsanwälten, die sich überlegen, wie man diese Patientenverfügungen rechtsverbindlich machen kann.
Moderator: Sie sind also noch nicht rechtsverbindlich, [...]
Furch: [...] und seine eigene Gewissensentscheidung ist ja auch etwas ganz Gravierendes. [...]
[...]
Pohlmeier: [...] Ich kenne Kollegen, die sehr froh sind, wenn eine solche Patientenverfügung vorliegt, und sie

---

[1] DGHS e.V., Patientenschutzbrief

diese in ihre Entscheidung einbeziehen können, und dann das tun, was sie nach ihrem Gewissen glauben, tun zu müssen, aber unter Einbeziehung. Es gibt auch Kollegen, die sagen: "Es interessiert mich nicht, Patientenverfügungen guck' ich gar nicht an". Das sind immer weniger. Die meisten, so weit ich das übersehe, nehmen sie gern zur Kenntnis und beziehen sie in ihre Entscheidung mit ein, richten sich nicht sklavisch danach [...]
[...]
Pohlmeier: [...] heute nennt man es 'Betreuer'... . Es gibt den etwas unglücklichen Ausdruck des 'Patientenanwaltes'. Der soll aber Sachwalter sein der Interessen des Patienten, hat nichts mit einem juristischen Anwalt zu tun und nach diesem Betreuungsgesetz kann ich auch in gesunden Tagen jemanden oder auch zwei zu meinem Betreuer bestellen, der im Falle, den wir jetzt erörtert haben, sich meiner Patientenverfügung und meines Willens annimmt, [...]
[...]
Furch: [...] es gibt ja auch Ärzte, die mit ihren Patienten die Patientenverfügungen in gesunden Tagen durchgehen und ausarbeiten. Man muß dem zu Beratenden auch klar machen, daß er ein gewisses Risiko eingeht, daß er jetzt etwas verfügt, was er ja dann nicht mehr miterlebt, die Situation. Und man muß ihm natürlich auch klar machen, daß er diese Patientenverfügung jederzeit wieder widerrufen kann. Also diese Aufforderung, sie alle halbe Jahr zu erneuern, ist kein Zwang. Es ist nur die Empfehlung dies zu tun, wenn man dabei bleiben will. Man kann natürlich auch sie zurückziehen und ein Testament ändern. [...][1]

3.3. Begriffsabgrenzung und juristische Praxis
3.3.1. Die passive Sterbehilfe

Passive Sterbehilfe beinhaltet alle Situationen, in denen Maßnahmen unterlassen werden, die den Sterbeprozeß verlängern würden. Dieses schließt neben (1) der Nichtbehandlung einer

---

[1] hr 2, 12.6.1994, 21.00

interkurrent auftretenden Krankheit, (2) den Verzicht der Behandlungsaufnahme oder (3) den Verzicht der Fortführung einer bereits begonnenen Therapie ein.[1] Die passive Sterbehilfe bedeutet also eine Beschränkung auf Leidenslinderung und das Unterlassen oder auch Nichtfortsetzen einer Maßnahme zur Lebensverlängerung.[2] Letzteres ist besonders problematisch, da in den meisten Fällen der Abbruch der Maßnahme von dem Tätigwerden einer weiteren Person abhängt (sog. technischer Behandlungsabbruch).[3] In allen drei Situationen können jeweils zwei Varianten auftreten: Der Patient ist (a) entweder zu einer Willensäußerung fähig oder (b) dazu nicht mehr in der Lage.[4] Im Fall (a) ist es dem Kranken möglich, das Recht auf Behandlungsfreiheit (auf der Basis des Art.2 Abs.2 S.1 GG) in Anspruch zu nehmen. Dieses garantiert einem einsichtsfähigen Kranken, daß gegen seinen Wunsch keine Einleitung oder Fortsetzung lebensverlängernder Maßnahmen stattfinden darf.[5] Dieses Gesetz erstreckt sich auch auf die Situation, in der sich ein Patient einer lebensrettenden Operation verweigert.[6] Er hat also, auch wenn er dem Tode entgegengeht, das uneingeschränkte Recht, therapeutische Maßnahmen zurückzuweisen. In dieser Situation sind nur die von ihm als richtig angesehenen Maßstäbe verbindlich.[7]

"Ja, sicherlich soll dieser Wille respektiert werden. Die Richtlinien sprechen hier davon, daß der Arzt aber versuchen soll, einen Patienten davon zu überzeugen, daß im Weiterleben doch noch eine Chance läge und das ist so eine gewisse Begrenzung, die da einfließt. Aber im Prinzip ist das schon wichtig, daß man weiß, im Falle dieser schweren Fälle, die ich vorhin geschildert habe, daß der Wille des Patienten dahin geht, da lebensverlängernde Maßnahmen nicht auf jeden Fall durchzusetzen."[8]

Die Strafkammer des LG Ravensburg beschäftigte sich 1985 mit dem Fall einer Frau, die beim Abschalten des Beatmungsgerätes

---

[1] Pelzl, 1994, 181
[2] Hanack, 1985, 39
[3] Pelzl, 1994, 185
[4] Pelzl, 1994, 181
[5] Otto, 1986, D 97
[6] Otto, 1986, D 99
[7] Otto, 1986, D 45
[8] Furch in: hr 2, 12.6.1994, 21.00

(durch ihren Ehemann aufgrund ihrer Bitte darum) gestorben war. Nach Auffassung des LG Ravensburg hatte die Betroffene das Recht, das Abschalten der künstlichen Beatmung zu verlangen, auch wenn hierzu das Tätigwerden einer anderen Person erforderlich war. Dies galt bei diesem Tatbestand verstärkt, da die künstliche Beatmung gegen ihren vorherigen ausdrücklichen Willen in der Situation einer temporären Bewußtlosigkeit eingeleitet worden war. Gleichgültig ob eine andere Person durch Handeln oder Unterlassen einer solchen Bitte nachkommt, ist dies nicht als Tötung (auf Verlangen) zu bewerten. Es ist zwar Sinn des Tötungsverbotes, Leben zu erhalten. Die Umsetzung dieses Gesetzes beinhaltet aber nicht, einen Menschen, der sich im Sterbeprozeß befindet, gegen seinen Willen mit allen Mitteln am Sterben zu hindern. Die lebensverlängernden Methoden sind also nicht aufgrund ihrer technischen Machbarkeit unerläßlich.[1]

Nach Ansicht der Bundesärztekammer liegt im Falle eines bewußtlosen oder sonst urteilsunfähigen Patienten die Entscheidung für einen Therapiebeginn oder -abbruch allein beim behandelnden Arzt, außer der Betroffene hat einen Pfleger, Betreuer oder Vormund im Sinne des BGB.[2] Eine zuvor gemachte Patientenverfügung sei bei bewußtlosen Kranken vielleicht nicht mehr als relevant anzusehen, da diese meist zu einer Zeit gemacht wurde, zu der der Patient noch nicht erkrankt war.[3] Wenn der Wille des Patienten nicht (mehr) zu ermitteln ist, und ein irreversibler Bewußtseinsverlust bereits gesichert besteht oder durch einen erforderlichen Eingriff unabwendbar eintreten wird, ist passive Sterbehilfe grundsätzlich legitim.[4]

Unmittelbar verknüpft mit dieser Frage nach der passiven Sterbehilfe ist die Bestimmung des juristisch relevanten Todeszeitpunktes, da dies die natürliche Grenze für jede ärztliche Intervention bildet.

> "Als maßgeblicher Zeitpunkt wird heute der Zeitpunkt des Hirntodes, d.h. der grobanatomischen oder feinstrukturellen Zerstörung des Gehirns in seiner Gesamtheit angesehen."[5]

---

[1] Stoffers, 1992, 621f
[2] Hanack, 1985, 38
[3] Frankfurter Rundschau, 15.9.1994
[4] Otto, 1986, D 97
[5] Otto, 1986, D 35

Mit der unaufhaltsamen Fortentwicklung der technisierten Medizin und den andererseits immer knapper werdenden Finanzmitteln im Gesundheitswesen, wird der Regelungsbedarf bezüglich der passiven Sterbehilfe für den Gesetzgeber immer dringlicher, da die Entwicklung in den Intensivstationen nicht sich selber überlassen werden darf.[1] Die Kriterien für die passive Sterbehilfe drohen aus diesen Gründen sonst über alle ethischen Übereinkünfte hinweg zu eskalieren.

Das passive Sterbenlassen und die aktive Tötung kann in Grenzfällen nicht eindeutig differenziert werden.[2] Hier findet die Unsicherheit beim behandelnden Arzt über die eventuellen juristischen Folgen ihre Begründung.

3.3.2. Die indirekte Sterbehilfe

Von indirekter Sterbehilfe oder indirekter Euthanasie wird gesprochen, wenn es bei einem Patienten aufgrund hoher Dosen Schmerztherapeutika unbeabsichtigt zu einer Lebensverkürzung kommt.[3] Der Arzt handelt zwar gegen das Gesetz, wenn er das Leben eines Kranken durch die (hier: die nicht einmalige !) Gabe hochdosierter Schmerzmittel verkürzt[4], da er "den Tod herstellt".[5] Er wahrt aber andererseits durch sein Verhalten gegebenenfalls das höherrangige Interesse der Menschenwürde des Betroffenen, wenn das Denken und Fühlen des Patienten ausschließlich durch die Schmerzen beherrscht werden. Der Arzt wird dabei durch den § 34 StGB gerechtfertigt, sofern diese Handlung dem geäußerten oder mutmaßlichen Willen des Betroffenen entspricht.[6] Ein solches ärztliches Verhalten ist selbstverständlich dann nicht angemessen, wenn der Betroffene zu einer Zeit der Einsichtsfähigkeit dieses eindeutig ablehnte.[7]

Auch wenn der Arzt durch den von ihm geleisteten Hippokratischen Eid verpflichtet ist, jede Behandlung die zur Lebensverkürzung beitragen würde, zu unterlassen, ist eine Lebensverlängerung um eine

---

[1] Pelzl, 1994, 187
[2] Otto, 1986, D 29
[3] Hanack, 1975, 146, in: Hiersche, zitiert nach Otto 1986, D 52
[4] Otto, 1986, D 56f
[5] von Goddenthow, 1989, 142
[6] Otto, 1986, D 56f, D 74
[7] Otto, 1986, D 74

kurze Frist jedoch nach dem Prinzip des überwiegenden Interesses gegen unerträgliche Schmerzen abzuwägen. Man kann davon ausgehen, daß für den Betroffenen der Lebenserhaltungstrieb in dieser quälenden Situation von dem Interesse einer Linderung der Qualen abgelöst wird. Der Verzicht einer Schmerztherapie aufgrund des Tötungsrisikos wäre unmenschlich. Allerdings kann nicht jede lebensverkürzende Schmerztherapie prinzipiell als straffrei bewertet werden. Ein Ansatz, die indirekte Sterbehilfe klar von der aktiven zu differenzieren, ist das Kriterium der Tötungsabsicht: Wenn bei der indirekten Sterbehilfe nur die Schmerzlinderung beabsichtigt ist, gilt sie als straffrei.[1] Ein Beweis für eine Tötungsabsicht ließe sich jedoch im individuellen Fall sowieso nicht erbringen, da jedes Schmerztherapeutikum bei üblicher Dosierung auch den Effekt der Lebensverlängerung haben kann.[2] Die juristische Sonderbehandlung der indirekten Sterbehilfe widerspricht somit wenigstens teilweise dem traditionellen Verbot der aktiven Sterbehilfe, da eine Lebensverkürzung durch Schmerztherapie auch als Tötungshandlung im Sinne der Tötungsdelikte bewertet werden könnte. Dies spiegelt sich auch in der einschlägigen Literatur wider: Im Gegensatz zu der von Harro Otto vertretenen Meinung wird die schmerzlindernde Lebensverkürzung von anderen Autoren durchaus als rechtswidrige Tötung beurteilt.[3]

Auch für eine schmerzlindernde Maßnahme ist die vorherige Einwilligung des Kranken in diese Behandlung erforderlich. Ist der Patient dazu nicht mehr in der Lage, ist im Zweifel dann aber von der mutmaßlichen Einwilligung auszugehen.[4] Trotzdem werden starke schmerzstillende Medikamente in deutschen Kliniken oft nur sehr sparsam oder sogar überhaupt nicht verordnet. Dies mag mit der zu pauschalen Kriminalisierung der Verwendung von Opiaten und der 1974 erlassenen Betäubungsmittel-Verschreibungsverordnung zusammenhängen. In der Folge dieser Verordnung kam es nämlich zu einem Rückgang der Rezeptierungen von Morphinpräparaten.[5]

Nach Ansicht des DGHS-Geschäftsführers Dr. Schobert sind die Mißstände in der Versorgung von Schmerzpatienten sogar als Menschenrechtsverletzung zu bewerten.[6] Ein Arzt, der eine nötige

---

[1] Pelzl, 1994, 189f
[2] Pelzl, 1994, 187f
[3] Otto, 1986, D 57, Fußnote 135
[4] Pelzl, 1994, 188
[5] Pelzl, 1994, 191
[6] DGHS, 1994, 6

Schmerztherapie unterläßt, kann wegen vorsätzlicher oder fahrlässiger Körperverletzung durch Unterlassung (§ 223, § 230, 13 StGB) oder wegen unterlassener Hilfeleistung (§ 323c StGB) strafrechtlich verfolgt werden.[1] Die Begründung für die häufige Vernachlässigung der ärztlichen Pflicht liegt nicht nur in der Unsicherheit der Ärzteschaft gegenüber der Frage nach der Zulässigkeit indirekter Sterbehilfe. Die Ärzte haben auch eine unangebrachte Befürchtung davor, eine Sucht beim Todkranken auszulösen.[2]

3.3.3. Die Beihilfe zur Selbsttötung

Von der aktiven Sterbehilfe ist die Beihilfe zur Selbsttötung deutlich zu unterscheiden. Bei der aktiven Sterbehilfe ist der Suizident von demjenigen, von dem er die Tötung fordert, gerade in der Realisierung des Tötungsplans von dem Verhalten des anderen abhängig. Dagegen setzt bei der Beihilfe zur Selbsttötung der Suizident im entscheidenden Moment der Ingangsetzung des tödlichen Verhaltens, seinen Entschluß zu sterben selbst direkt in die Tat um.[3] Wird er vor der eigentlichen Tötungshandlung in seinem Vorhaben von Dritten unterstützt, so wird deren Handlung nicht als Tötungsdelikt geahndet. Ein Arzt, der einem Patienten Gift zur Selbsttötung verschafft, handelt also nicht strafbar. Nach dem Kriterium der Tatherrschaft ist dieser Sachverhalt von dem der Tötung auf Verlangen abzugrenzen. Der betreffende Arzt (und auch jede andere Person) darf allerdings nicht bei der Verwirklichung des Sterbewunsches anwesend sein, denn jeder, der diesen Menschen, der gerade, um die Selbsttötung einzuleiten, Gift geschluckt hat, nicht zu "retten" versucht, kann wegen Tötung auf Verlangen durch Unterlassung juristisch belangt werden. Der Sterbewille des Sterbenden wird dann als völlig irrelevant bewertet und ignoriert.[4]

3.3.4. Die aktive Sterbehilfe

```
Frau G: Vorm Sterben an sich nicht, sondern
ich habe einfach Angst vor dem eventuellen
Leiden, daß halt damit dann zusammen hängt,
von der Hilflosigkeit der da ich dann ausge-
setzt sein werde. ... Es ist zum einen eben
```

---
[1] Pelzl, 1994, 181
[2] Pelzl, 1994, 191
[3] Otto, 1986, D 30
[4] Hanack, 1985, 39

die Angst davor, daß ich halt dann nicht mehr sagen kann: wenn ich gehen will, dann gehe ich. Daß ich einfach soweit kommen werde, und auf dem Weg bin ich ja in irgendeiner Art und Weise, daß ich dann einfach viel zu schwach sein werde oder daß ich halt dann so bettlägerig bin, daß ich im Endeffekt da gar nichts mehr machen kann, daß ich also die Freiheit nicht mehr habe.
Ich: Sich selber das Leben zu nehmen?
Frau G: Ja, davor habe ich also schon eine riesen Angst.[1]

Im Gegensatz zu der indirekten Sterbehilfe, bei der der Tod unbeabsichtigtes Nebenergebnis ist, ist er Mittel zum Zweck der Leidensbeendigung bei der direkten Euthanasie (aktive Sterbehilfe).[2] Letztere geht eindeutig über die passive Sterbehilfe hinaus, da aktiver Einfluß auf den Krankheitsprozeß genommen wird. Eine derartig aktive Lebensverkürzung kann nur in besonders gerechtfertigten Ausnahmesituationen zulässig sein.[3] Sie ist nach geltendem Recht auch dann ein Tötungsdelikt, wenn die Tat auf Verlangen des Kranken erfolgte.[4] Diese Straftat wird nach § 216 StGB mit Freiheitsstrafe von 6 Monaten bis zu 5 Jahren geahndet. Der Gesetzgeber hat dem beurteilenden Richter jedoch mit der Aussetzung der Strafe auf Bewährung die Möglichkeit gelassen, aufgrund achtenswerter Motive des Straftäters milder zu urteilen. Dieses ist vor allem dann der Fall, wenn in der speziellen Situation von Seiten der Gesellschaft die Achtung menschlicher Würde Vorrang vor der Achtung menschlichen Lebens hat und daher kein Strafbedürfnis besteht.[5] Die jährlichen Verurteilungen beschränken sich bezüglich § 216 StGB wohl aus diesem Grund auch seit 1970 auf den einstelligen Bereich.[6]
Eine Beschleunigung des Sterbeprozesses durch einen künstlichen Eingriff in die verbliebenen Lebensfunktionen kann auch nach § 212 StGB als strafbare vorsätzliche Tötung[7] oder je nach den Um-

---

[1] Kurzvorstellung der zitierten Interviewpartnerinnen im Anhang
[2] Pelzl, 1994, 191
[3] Otto, 1986, D 30
[4] Otto, 1986, D 52f
[5] Otto, 1986, D 73
[6] Pelzl, 1994, 191
[7] Hanack, 1985, 39

ständen des Einzelfalles gemäß § 217, § 211 StGB geahndet werden.[1] Nach der aktuellen Rechtsprechung darf der Arzt (und auch jede andere Person) dem Tötungswunsch eines Patienten folglich nicht nachkommen.[2] Ein Arzt hat zwar einerseits bei bekannter Weigerung des Patienten gegenüber einer lebensverlängernden Maßnahme die Pflicht, diese zu unterlassen, andererseits besteht aber keine Handlungspflicht auf ärztlicher Seite bei einem vom Patienten geäußerten Sterbewunsch. Handelt er doch dieser Bitte entsprechend, ist seine Tat allenfalls nach § 34 S.2 StGB wegen Notstand zu rechtfertigen.

§ 35 StGB (Notstand) findet unmittelbar Anwendung in dem Fall, daß diejenige Person, die aktive Sterbehilfe geleistet hat, dem Getöteten sehr nahe war und unter einem extremen psychischen Druck stand. Eine Entschuldigung auf dieser Basis wird in den seltensten Fällen für den behandelnden Arzt gültig sein können. Ihm ist eine solche Handlung auch berufsethisch grundsätzlich untersagt.[3]

Eine Verschärfung des Problems ergibt sich in den Fällen, in denen dem Patienten ein Verlust der Kommunikationsfähigkeit (z.B. bei Bewußtlosigkeit) droht, und er aus diesem Grunde seine Tötung erbittet. Unter diesen Umständen kann nach erfolgter aktiver Sterbehilfe der Gesetzgeber von einer Klage absehen (§ 153 StPO), wenn der Patient bereits im Sterbeprozeß ist, die Tötung aus Mitleid erfolgte und dem Verzögern des Sterbeprozesses die zu achtende Würde des Betroffenen entgegen stand.[4] Eine solche prophylaktische Tötung bei drohendem Zusammenbruch der Personalität sollte hingegen keinen Platz im Arzt-Patient-Verhältnis haben. Wenn dem Betroffenen die Fortführung seines Lebens nicht mehr sinnvoll erscheint, da er sein Bewußtsein, Selbstbewußtsein, seine Kommunikationsfähigkeit und elementare körperliche Eigentätigkeit unausweichlich verlieren wird, er selbst aber keine Möglichkeit mehr hat, sein Leben selbständig zu beenden, kann gegenüber einem aktiven Sterbehelfer von Strafe (§ 59, § 60 StGB) oder gar von der Erhebung einer Anklage (§ 153, § 153b StPO) abgesehen werden.[5]

---

[1] Otto, 1986, D 51
[2] Frankfurter Rundschau, 14.9.1994
[3] Pelzl, 1994, 193f
[4] Otto, 1986, D 62
[5] Otto, 1986, D 75

Wie schon gesagt, sollte abgesehen von der mit Schmerzlinderung verbundenen Lebensverkürzung eine Tötung zum Zwecke der Beendigung von Leiden in den seltensten Fällen im Tätigkeitsbereich des Arztes liegen. Eine solche Handlung ließe sich nicht mit dem Heilungsauftrag des Arztes vereinbaren.[1] Eine Tötung aus Barmherzigkeit sollte folglich nicht als ärztliche Aufgabe angesehen werden. Der Arzt begeht aber auch nicht zwangsläufig das Delikt der Tötung, wenn er in der Absicht handelt, ein höherrangiges Interesse, nämlich die Achtung der menschlichen Würde, zu verwirklichen (§ 34 StGB). Dies kann auch in Situationen gegeben sein, in denen der Patient aufgrund starker Schmerzen einen Verlust seiner Persönlichkeit erleidet. Hier hätte der Patient durch die Tötung eine letzte Möglichkeit, den eigenen Tod zu sterben.[2] Abgesehen von diesem Kriterium des Verlustes der Persönlichkeit ist rechtlich die Tötung eines Todkranken strafbar. Von einer juristischen Verfolgung kann jedoch abgesehen werden, wenn es dem Todkranken aufgrund nicht zu lindernder Schmerzen unmöglich ist, in seinem Leben noch einen Sinn zu finden. § 153 StPO ermöglicht den Verzicht auf eine öffentliche Anklage bei geringer Schuld und geringem Sühnebedürfnis.[3]

Die strafrechtliche Relevanz der Täterschaft des Sterbehelfers muß ausschließlich an dessen individuell unterschiedlicher Betroffenheit relativiert und bewertet werden. Juristisch wird hier zusätzlich ein weiteres Kriterium mit einbezogen: entweder ist der Sterbeprozeß unabwendbar in absehbarer Zeit zu erwarten und die Todesursache eindeutig, oder eine solche Ursache wäre noch nicht in Zeitpunkt und Art definitiv.[4]

Aktive Sterbehilfe kann also nicht nur durch das geäußerte Todesverlangen des Betroffenen und das Mitleid des "Täters" gerechtfertigt werden. Eine Strafe muß jedoch nicht verhängt werden, wenn der jeweilige Umstand des Einzelfalles kein gesellschaftliches Strafbedürfnis indiziert.[5]

Der (schwerbehinderte) Philosoph Freddy Sahl vertritt die folgende Auffassung zur aktiven Sterbehilfe:

---

[1] Otto, 1986, D 98
[2] Otto, 1986, D 59f
[3] Otto, 1986, D 61
[4] Otto, 1986, D 96
[5] Otto, 1986, D 99

"Ich nehme mir persönlich das Recht für einen Freitod, aber ich wende mich ganz strikt gegen jede Sterbehilfe, die den Einsatz eines anderen Menschen erfordert".[1] Dieser Grundsatz widerspricht meiner Meinung nach sämtlichen juristisch gewährleisteten Gleichheitsprinzipien (und dem eben modifizerten Anti-Diskriminierungs-Gesetz, in welches auch das Verbot der Diskriminierung Behinderter aufgenommen wurde), da Sahl eindeutig die Menschen von der Möglichkeit des Suizids ausschließt, die beispielsweise aufgrund starker Körperbehinderung und Bettlägerigkeit dazu unfähig sind.

"Na heute kann ich's nicht mehr machen - rein körperlich - ich komm ja an nichts mehr 'ran [...] an die Tabletten nicht [...] ich wüßt' auch nicht, wie ich es machen sollte ... höchstens noch: den Gashahn aufdrehen, aber den kann ich auch bloß aufmachen, wenn mich mein Vater in die Küche fährt und das wird er nicht machen, damit ich mich umbringe."[2]

Der Betroffene ist dann aufgrund der aktuellen Gesetzeslage verpflichtet, ein auch unbestritten nicht mehr zumutbares Leben weiter zu führen, wenn er keine Möglichkeit hat, sich selbst zu töten oder eine Person findet, die ihm dabei trotz der juristisch schwierigen und nicht abschätzbaren jeweiligen Lage hilft.

Ich sehe daher vornehmlich den folgenden juristischen Widerspruch: Auf der einen Seite ist der Arzt an den Willen des Patienten gebunden, wenn dieser eine Heilbehandlung ablehnt und diese Entscheidung unabwendbar zum Tode führen wird. Auf der anderen Seite ist die aktive Sterbehilfe auch bei einem aus der Situation heraus noch so verständlichen Todeswunsch des Kranken für den Ausführenden in erster Linie strafbar. Die Gewähr des Selbstbestimmungsrechts endet also dort, wo die Durchführung die Hilfe einer anderen Person erforderlich macht.[3]

```
Frau U: Ja, nehmen zu lassen [das Leben] das
ist ja sowieso ... also ich muß es mir ja
dann selber nehmen. [...] Ich kann ja nie-
mand einschalten dafür.
Ich: - ja rein rechtlich -
Frau U: ... ja, rein rechtlich, wird man
keinen Menschen ja auch finden - und das
```

---

[1] Furch in: hr 2, 12.6.1994, 21.00
[2] Claudia, Multiple-Sklerose-Patientin in: ZDF, 4.1.1995, 21-21.45
[3] vgl. Pelzl, 1994, 185

darf man auch glaube ich niemand aufbürden.
Sage ich dann wieder. Also ich muß es schon
selber tun.
Ich: Und Sie meinen, sie müssen es dann halt
in dem letzten Augenblick, wo sie noch selber [beispielsweise] das Glas selber halten
können.
Frau U: Ja eben, das weiß ich. Das wäre der
letzte Punkt. Das muß ich zumindest noch
können.[1]

Der in letzter Zeit verstärkte Wunsch in der Bevölkerung nach der individuellen Verfügbarkeit des eigenen Lebens und die daraus resultierende Forderung nach gesetzlicher Regelung der aktiven Sterbehilfe mag die Folge der Furcht vor allem alter Menschen sein, am Ende ihres Lebens ein qualvoll verlängertes, sinnentleertes und unerträgliches Leiden ertragen zu müssen. Ein solches Ergebnis erbrachte jedenfalls eine Studie des Bundesinnenministeriums für Familie und Senioren 1993. Nach dieser Studie kann man auch davon ausgehen, daß die Dunkelziffer der Selbsttötung alter und vor allem chronisch kranker Menschen sehr hoch ist und in Zukunft noch weiter steigen wird.[2]

Die Forderung nach allgemeiner Straffreiheit aktiver Sterbehilfe hat ihren Hauptgrund eventuell auch in der Angst vor unzureichender Schmerzbekämpfung.[3]

Nach Meinung des DGHS-Geschäftsführers und Chefredakteurs Dr. Kurt F. Schobert müßte ein Patient, der Qualen empfindet und selbstbestimmt sterben möchte, sich aber aufgrund seiner persönlichen Situation nicht mehr selbst helfen kann, Hilfe von anderen erhalten. Und diese Hilfe zu verweigern, sollte sogar wegen unterlassener Sterbehilfeleistung strafbar sein.[4] Bei einer Legalisierung der aktiven Sterbehilfe darf aber auch die Gefahr nicht unberücksichtigt bleiben, daß ein Patient sich moralisch verpflichtet fühlen könnte, Sterbehilfe zu erbitten, um pflegende Angehörige zu entlasten. Eine juristisch legitime Möglichkeit der aktiven Sterbehilfe könnte auch in (zeitlich begrenzten) Krisensituationen der Erkran-

---

[1] Kurzvorstellung der zitierten Interviewpartnerinnen im Anhang
[2] DRZ, 1993, 412
[3] Pelzl, 1994, 191
[4] DGHS, 1994, 2

kung des Patienten von potentiellen Erben dahingehend mißbraucht werden, den Patienten zu einer angeblichen Todeswunsch-Äußerung zu motivieren.[1] Eine generelle juristische Rechtfertigung aktiver Sterbehilfe würde nach Pelzl auch den Stellenwert des Rechtsgutes Leben in der gesamten Rechtsordnung relativieren und den strafrechtlichen Lebensschutz sehr stark einengen. Im Falle einer solchen Rechtfertigungsmöglichkeit müßten, um Mißbrauch und unkontrollierte Ausweitung zu verhindern, konkrete Kriterien für die Zulässigkeit definiert werden.[2]

Die deutsche Rechtskultur müßte, um mehr Klarheit zu schaffen widersprüchliche Vorgaben beseitigen. So widerspricht die Tatsache, daß Tötung auf Verlangen nach § 216 StGB strafbar ist, dem Straflosigkeitsprinzip der Beihilfe zum Selbstmord sowie dem Autonomierecht des Patienten.[3]

3.4. Die Rechtslage in anderen Ländern

Im europäischen Vergleich erscheint die deutsche Rechtsprechung bezüglich Sterbehilfe gegenüber der Gesetzgebung in den meisten anderen Staaten als recht liberal. In vielen Ländern wird die aktive Sterbehilfe scheinbar streng verfolgt und der Wunsch oder das Verlangen des Patienten ist dabei unerheblich (Belgien, Großbritannien, Spanien). Das Motiv des "Täters" kann jedoch oft strafmildernd wirken (Belgien, Dänemark, Frankreich, Italien, Schweden). Die Strafe liegt hierbei je nach richterlicher Bewertung der Handlung zwischen straffrei und lebenslänglich.[4] Auch wenn die Gesetzeslage beispielsweise in Großbritannien sehr scharf formuliert ist (auch passive Sterbehilfe ist strafbar), scheinen die individuellen Urteile dies dagegen selten abzubilden. In Großbritannien ist nach einer Umfrage, die im British Medical Journal veröffentlicht wurde, jeder zweite Arzt schon mindestens einmal von einem Patienten um aktive Sterbehilfe gebeten worden. Jeder sechste habe diesem Wunsch auch entsprochen.[5]

---

[1] DRZ, 1993, 413
[2] Pelzl, 1994, 193f
[3] Pelzl, 1994, 179
[4] Frankfurter Rundschau, 16.3.1994, Nr.63, 17
[5] DGHS, 1994, 7

Obwohl in den drei Ländern Schweiz, Deutschland und Österreich die Beihilfe zum Freitod erlaubt ist[1], zeigen sich dennoch Unterschiede in der Anwendung dieses Gesetzes:
"[...] Diese Praxis, von der ich gerade gesprochen habe, ist möglich in der Schweiz, weil Beihilfe zum Freitod straflos ist und es dort juristisch kein Risiko ist, bei der Beihilfe dabei zu bleiben, weil immer mit Recht argumentiert wird: Das ist doch kein humanes Sterben, alles vorzubereiten und dann sich entfernen zu müssen und den Betreffenden allein sterben zu lassen. Das ist in der Schweiz juristisch ein sehr viel geringeres Risiko als hier und wird geübt und wird nicht geahndet."[2]

Einzig in den Niederlanden existiert (seit Februar 1994) eine liberalere Gesetzgebung, wonach unter bestimmten Kriterien von einer Strafverfolgung bei aktiver Sterbehilfe abgesehen werden kann. Die Kriterien sind erfüllt, wenn der Patient seine diesbezügliche Willensbekundung mehrmals und freiwillig bei klarem Verstand geäußert hat. Zusätzlich muß der Arzt mit dem Kranken in einem langen Vertrauensverhältnis stehen und einen Kollegen zur Entscheidung hinzuziehen. Aufgrund eines seit 1990 geltenden Meldeverfahrens stellt der ausführende Arzt den Totenschein nicht mehr über einen natürlichen Tod aus, sondern benachrichtigt den zuständigen Leichenbeschauer schriftlich über die Todesursache. Eine Studie über Umfang und Bedeutung der Euthanasiepraxis in den Niederlanden ergab, daß trotz der Zahl von 2000 Fällen aktiver und indirekter Sterbehilfe jährlich dies nur 22% aller derer sind, die den ausdrücklichen und ernstlichen Wunsch zu sterben äußern. Aktive Sterbehilfe wird bei Menschen ab dem 50. Lebensjahr häufiger geleistet und dies meist aufgrund einer Krebserkrankung (68%).[3]
Es besteht eine große Akzeptanz gegenüber aktiver Sterbehilfe innerhalb der niederländischen Ärzteschaft. Sie wird als annehmbarer Bestandteil medizinischer Praxis aufgefaßt. 54% der Ärzte haben eine solche schon einmal geleistet und weitere 34% wären dazu bereit. Am meisten wird diese Maßnahme von Hausärzten durchgeführt, von Medizinern, die in Pflegeheimen tätig sind, überraschenderweise am seltensten.[4]

---

[1] Pohlmeier, hr 2, 12.6.1994, 21.00
[2] Pohlmeier in: hr 2, 12.6.1994, 21.00
[3] Pelzl, 1994, 196f
[4] Pelzl, 1994, 198

Ein Stück zu weit geht allerdings meiner Ansicht nach die der deutschen DGHS vergleichbare niederländische Vereinigung, wenn sie fordert, daß Ärzte juristisch verfolgt werden sollen, wenn sie sich weigern, aktive Sterbehilfe zu leisten. Hier würde die Fremdbestimmung um das Sterben in der entgegengesetzten Richtung als in Deutschland eskalieren. (Ein wenig kehrt eine ähnliche Denkweise darin wieder, daß die Todesstrafe in den Niederlanden immer populärer wird.)[1] [2]

---

[1] Niederländischer Rundfunk, 9.9.1994
[2] vgl. auch Kapitel 3.2.2.

4. Ethik und Religion

Durch die heutige Leistungsfähigkeit der Medizin muß gefragt werden, ob man ethisch das tun darf, was man technisch kann. Der Arzt ist folglich immer in dem Dilemma zwischen dem Autonomierecht des Patienten und eigener Fürsorgepflicht.[1]

4.1. Ethik

Die Ethik ist eine sehr alte Disziplin innerhalb der Philosophie. Man könnte ihre Funktion darin sehen, alte Fehler nicht immer wieder neu zu machen.[2] In neuerer Zeit wächst der ethische Orientierungsbedarf, da der medizinische Fortschritt in zuvor unzugängliche Bereiche der Natur vordringt und in der Folge die wissenschaftlichen Entdeckungen mit den wirtschaftlichen Interessen konkurrieren. Man stößt im Zuge dieser Entwicklung einerseits auf die Grenze der menschlich nicht mehr zumutbaren medizinischen Behandlung, andererseits auf die Frage nach der Finanzierbarkeit.[3]

Die moderne Medizin raubt dem Menschen immer mehr das Geheimnis des Beginns und des Endes seiner Existenz. Dem Anfang des menschlichen Lebens geht sein Geheimnis verloren, indem das Leben selbst technisch reproduzierbar geworden ist, dem Ende dadurch, daß der Vorgang des Sterbens in einzelne Teiltode zerlegt wird. Der Hirntod, einer der wichtigsten Teiltode, wird definitorisch inzwischen mit dem Tod der Person gleichgesetzt. Er stellt demgegenüber aber nur einen Schritt im irreversiblen Sterbeprozeß dar. Der gesamte Verlauf verdient in seiner Ganzheit Achtung und muß daher in seiner Integrität geschützt sein.[4] Durch diese Hirntod-Definition wird die Vorstellung eines Leib-Seele-Dualismus in der Gesellschaft gefördert. Dieser suggeriert, daß sich die Seele oder das Wesen des Menschen biologistisch einem Organ, nämlich dem Gehirn, zuordnen ließe.[5] Bereits in der älteren Philosophie gab es diese Vorstellung des zweigeteilten Menschen. Das Ich wurde hier unabhängig vom Körper gesehen, der dann rein mechanistisch verstanden wurde und im Falle einer gestörten Funktion mittels Er-

---

[1] B2, 1.4.1994, 22.05-23.00
[2] DLF, Kontrovers
[3] S2 Kultur, 17.11.1993, 8.30-9.00
[4] S2 Kultur, 17.11.1993, 8.30-9.00
[5] S2 Kultur, 6.2.1994, 12.05

satzteilen wieder repariert werden sollte. Dieser Gedanke spiegelt sich schon bei Descartes: "Ich denke, also bin ich." Dieser cartesianische Dualismus hat sich längst als unzulänglich erwiesen. Heute ist bekannt, daß der Organismus nicht als Maschine aufzufassen ist, sondern als ein integrierendes Ganzes, welches abhängig von dem Zusammenspiel der einzelnen Organe ist. Schon das Vorhandensein der Fachrichtung Psychosomatik deutet auf die gegenseitige Abhängigkeit von Körper und Geist hin.[1]

Hans Jonas sieht in der pragmatisch motivierten Hirntod-Definition eine

"seltsame Wiederkehr, die naturalistische Reinkarnation [...] des alten Leib-Seele-Dualismus. Seine neue Gestalt ist der Dualismus von Körper und Gehirn. In einer gewissen Analogie zu dem früheren transnaturalen Dualismus besagt er, daß die wahre menschliche Person im Gehirn sitzt und der übrige Körper dazu nur im Verhältnis des dienstbaren Werkzeugs steht."[2]

"[...] Und mir genügt das separierte Todeskriterium "Hirntod" deshalb nicht, weil es zum einen den Körper in Teile zerlegt, das Leben des Menschen, so wie wir es kennen in einen neuen Dualismus bringt, nicht mehr von Leib und Seele wie früher, sondern von Gehirn und Restkörper; [...]"[3]

In der aktuellen Debatte um einen Teil-Hirntod wird angestrebt, das ganzheitliche System Gehirn zusätzlich hierarchisch zu untergliedern. Dieses Bestreben hat eine Wertigkeit zur Folge, die Menschen mit einem schweren Ausfall bestimmter Hirnregionen ausgrenzt. Von einem solchen Fall berichtet der Behindertenpädagoge Wolfgang Jansen: einem schwer hirnverletzten türkischen Jungen wurde eine Wiedergutmachung verweigert, da er dies sowieso nicht mehr wahrnehmen könne.[4]

Das Wissen, welches mit Hilfe der Forschung über den Menschen gewonnen wird, muß als ambivalent bewertet werden, da es neben den damit verbundenen Chancen und Hoffnungen auch derbe

---

[1] Honnefelder in: DLF, 1.11.1994, 10-11.30
[2] hr 2, SR 2, 29.11.1994, 21.00
[3] Jörns in: DLF, 26.8.1994, 10-11.30
[4] hr 2, SR 2, 29.11.1994, 21.00

Mißbrauchsmöglichkeiten enthält. Die Politik muß hierbei die Wissenschaft begleiten, ständig die Folgen für die Gesellschaft einschätzen und gegebenenfalls mit juristischen Mitteln Grenzen ziehen. Es ist immer zwischen der ethisch verantwortbaren Verwendung und einem nicht ethisch vertretbaren Gebrauch zu entscheiden. Nur in Einzelfällen allerdings, kann die Politik und die Gesetzgebung der Anwendung zuvor kommen. So wird bezüglich der geplanten Bioethik-Konvention beispielsweise über Bereiche diskutiert, die bereits Praxis sind. Da es noch keinerlei Erfahrungen und ethische Betrachtungsweisen bezüglich neuester medizinischer Verfahren gibt, ist diese Differenzierung auch für die Mitglieder der Ethikkommision äußerst schwierig. Hier kann nur versucht werden, die Prinzipien und Erfahrungen aus anderen Gebieten auf die neuen Fragestellungen zu übertragen. Auf dieser Basis muß jede Entscheidung als vorläufig betrachtet werden und gegebenenfalls revidiert werden.[1]

In Deutschland existiert eine hohe ethische Sensibilität, die positiv zu bewerten ist. Von Seiten der Wissenschaft wird diese Zurückhaltung dagegen aber als potentielle Gefahr für die Fortschrittsfähigkeit eingeschätzt. Vertreter der Industrie behaupten, daß in Deutschland aufgrund der übertriebenen Vorsicht kaum Forschung möglich sei. Demgegenüber ergibt eine Umfrage in der Bevölkerung eine Akzeptanz von beispielsweise 80% bezüglich der stark umstrittenen Gentechnik. Dies gilt allerdings für beispielsweise mittels Gentechnik entwickelte und hergestellte Medikamente, verständlicherweise aber nicht für die Keimbahntherapie. Dies spiegelt eine differenzierte ethische Diskussion in Deutschland wider, die natürlich durchaus vernünftig und zu begrüßen ist. Sie darf nicht als Forschungsbehinderung mißverstanden werden. Von Seiten der Industrie wird den Menschen zu suggerieren versucht, daß mit Hilfe der Gentechnik sämtliche Krankheiten therapierbar oder gar heilbar sind. Unter dieser falschen Versicherung entsteht eine falsche Ethik, die der Wirtschaft zunehmend mehr Freiraum gewährt.[2]

In der Genforschung wird seit längerem nach dem Gen gesucht, das für den Alterungsprozeß des Menschen verantwortlich ist. Man glaubt dieses Gen schon fast entdeckt zu haben. Ein kleiner Eingriff in die Keimbahn könnte der Menschheit dann die Unsterblichkeit bringen. Mir ist hierbei nicht deutlich, warum den Verantwortlichen

---

[1] DLF, Kontrovers
[2] DLF, Kontrovers

nicht die damit zwangsläufig verbunden Probleme deutlich vor Augen stehen: In unserer Gesellschaft wird immer stärker davor gewarnt, daß aufgrund der inzwischen erfolgten Umdrehung der Alterspyramide, das Gesundheitswesen nicht mehr bezahlbar ist und daher eine Altersbegrenzung für bestimmte teure medizinische Behandlungen gelten müsse.[1] Für mich ist ein gentechnischer Eingriff in den natürlichen Alterungsprozeß nur in den Fällen gerechtfertigt, in denen das Altern pathologisch beschleunigt stattfindet. Dies wäre der Fall bei der Krankheit "Progeria".

Diese Manipulation ist glücklicherweise nur vor der Verschmelzung von Samenzelle und Ei möglich, nicht aber bei "schon geborenen" Menschen, da deren Programmierung nicht mehr verändert werden kann.

"Wer wird schon daran interessiert sein, einen Sohn zu haben, der zweitausend Jahre alt wird?"[2]

4.1.1. Der Lebenswert

Die NS-"Euthansie"-Verbrechen werden oft als Beleg dafür genommen, daß sich jede Einstufung eines Lebens als lebenswert beziehungsweise lebensunwert moralisch verbietet.[3] Mit dieser Begründung wird auch jede Diskussion bezüglich aktiver Sterbehilfe im Keim erstickt. Die gleiche Haltung wird auch von Vertretern des Vitalismus praktiziert. Der Vitalismus betrachtet somit die Kriterien Bewußtsein und Gesundheitszustand als moralisch irrelevant für den Lebenswert. Obwohl die Folgen des Nazi-Regimes und des Vitalismus als gegensätzlich zu betrachten sind, haben sie dennoch einen wichtigen Punkt gemeinsam: Beide Positionen lassen die Interessen derjenigen völlig außer Acht, die von der jeweiligen Auswirkung persönlich betroffen werden. Der Vitalismus beruht auf der Vorstellung der Gleichheit eines jeden Menschenlebens und des Lebens als "Wert höchsten Ranges". Er beinhaltet aber die Fehlvorstellung, daß der Wert des menschlichen Lebens "im Leben selbst" liegt. Bei dieser intrinsischen Sichtweise bleiben die Interessen der "Besitzer" dieses Lebens gänzlich unberücksichtigt.[4]

"Ich bleibe so lange da, solange ich neugierig genug bin und solange ich meine: das

---
[1] sat3, 1.11.1994, 21.15
[2] Noll, 1984, 120
[3] Leist, 1990, 44
[4] Kuhse, 1991, 58f

Leben hat noch was für mich, da ist noch was
vorhanden, was ich dann auch für mich noch
nutzen kann und für andere mit nutzen kann.
Aber wenn das nicht mehr da ist, dann will
ich auch nicht mehr da sein."[1]

4.1.1.1. Wer legt die Wertigkeit des individuellen Lebens fest?

Die Sinnhaftigkeit des Lebens kann nicht durch einen anderen Menschen gesetzt werden.[2] In der Praxis geschieht dies aber allzu häufig. Die Neigung, um des Menschen willen über den Menschen verfügen zu wollen, ist eine besondere Gefährdung vor allem der Medizin.[3] Es ist bekannt und auch verständlich, daß Ärzte ihr Handeln bewußt oder unbewußt durch ihre individuellen Wertsetzungen bestimmen lassen. Sie bieten beispielsweise eine größere Anstrengung auf, wenn es sich bei einem Sterbenden um einen jüngeren Menschen handelt.[4] Auch wenn ein verständlicher Wunsch des Patienten nach einer Organtransplantation besteht, er aber an schwerwiegenden Begleiterkrankungen leidet, sei es Aufgabe des behandelnden Arztes dem Patienten deutlich zu machen, daß er trotz Transplantation nicht zu einem vernünftigen/sinnvollen Leben gelangen kann. Der Arzt sei hier gezwungen, die Folgen der Behandlung für den Patienten abzuwägen, da dieser sie in Anbetracht des drohenden Todes natürlich nicht wahrhaben kann und will.[5]

Im Falle des "Erlangener Babys" übernahm die Öffentlichkeit die Bewertung der Situation. Sie verrechnete die bedrohte Würde der Mutter gegen das Lebensrecht des werdenden Kindes.[6] Eine solche Einschätzung steht meines Erachtens aber nur den unmittelbar Beteiligten zu. In einer vergleichbaren Situation in der Filder-Klinik (Stuttgart) wurde anders als in Erlangen gehandelt. Hier entschied der Ehemann über das Schicksal seiner hirntoten Ehefrau und seines werdenden Sohnes. Er entschied sich für das Leben des Kindes. Dieser Fall wurde erst bekannt, als der Kindsvater mit seiner Stellungnahme und seinem, während der kritischen Situation ge-

---

[1] Frau G, Kurzvorstellung der zitierten Interviewpartnerinnen im Anhang
[2] B2, 1.4.1994, 22.05-23.00
[3] S2 Kultur, 17.11.1993, 8.30-9.00
[4] von Goddenthow, 1989, 36
[5] Renner in: DLF, 1.11.1994, 10-11.30
[6] S2 Kultur, 6.2.1994, 12.05

schriebenen Tagebuch an die Öffentlichkeit trat. (Der Sohn war mittlerweile mehrere Jahre alt). Der Anlaß waren die Schlagzeilen, in die das "Erlangener Baby" bereits geraten war.[1] Ein gravierender Unterschied zwischen beiden Ereignissen liegt darin, daß sich im Falle des "Erlangener Babys" die Ärzte für eine Abtreibung aussprachen, falls der Embryo Zeichen einer Behinderung aufwiese. Die Mediziner brachten somit ihre eigenen Qualitätsmaßstäbe deutlich ein.

In solchen Extremsituationen ist auch die aktuelle Gesetzeslage keine Hilfe: Dem Ehemann (Siegel) steht zwar die Entscheidung über Leben oder Tod des werdenden Kindes zu, er darf aber schizophrener Weise nicht an Stelle seiner hirntoten Ehefrau die Erlaubnis für einen Kaiserschnitt geben (da hierfür eine Betreuung bei Gericht angemeldet werden müßte, dieses aber nicht für eine Hirntote möglich ist).[2]

> "Weder die Ärzte noch die angerufenen Gerichte tragen die Verantwortung für die Folgen ihres Tuns. Wenn überhaupt, dann sollen die Personen entscheiden, die ihr Leben auf den immer riskanten Ausgang und die Freuden und Lasten der Versorgung eines geborenen Kindes ausrichten."[3]

In der Regel stimmen auch die strengsten Verneiner von Lebenswertkriterien zu, daß es ein Unrecht ist, das Leben von aufgeklärten und urteilsfähigen Kranken, gegen deren Willen zu verlängern. Solchen Patienten wird somit zumindest implizit ein moralisches Recht eingeräumt, zwischen lebenswertem und lebensunwertem Leben, bezüglich ihrer eigenen Person zu entscheiden. In einer solchen Situation wird also eine Ausnahme zu der These eingeräumt, daß es immer moralisch falsch wäre, einen Unterschied zwischen lebenswertem und lebensunwertem Leben zu machen.[4] Nicht statthaft ist es natürlich, wenn solche Entscheidungen von außen für den nicht (mehr) urteilsfähigen Patienten gefällt würden.
So darf es auch nicht in der Beurteilung der Mediziner liegen, den Hirntod als den Tod des ganzen Menschen festzulegen. Auch wenn es unbestritten ist, daß der Gehirntod eine irreparable Zerstörung

---

[1] vgl. Siegel, 1993
[2] S2 Kultur, 6.2.1994, 12.05
[3] S2 Kultur, 6.2.1994, 12.05
[4] Kuhse, 1991, 52f

des Gehirns ist, muß in eine solche Interpretation die ganze Gesellschaft mit einbezogen werden.[1]

Um Behinderten Menschenwürde zu gewähren, gebührt ihnen (uns) Respekt im Bezug auf ihre Autonomie. Dieser beinhaltet auch, ihnen die Entscheidung zu überlassen, ob ihr Leben Sinn hat oder für den/die Betroffene/n nicht (mehr) tragbar erscheint.

> "Es geht sehr an meine Substanz, das Helfenlassen. Nichts mehr zu können greift meine Ehre an - meine Würde, muß ich sagen."[2]
> Frau B: In dem Moment, wo ich eine Belästigung werde. Wo ich auch - je mehr man durchmacht oder was, desto ungerechter wird man auch psychisch. In dem Moment, wo ich für die - Berufspflegepersonal verträgt es etwas länger, vor denen habe ich Angst, das muß ich wirklich sagen ... In dem Moment, wo ich eine pflichtmäßige Belastung werde möchte ich - also, wenn dann wirklich der Fall kommt, daß nichts mehr allein geht ...
> Ich: ... das wäre für Sie die Grenze ...
> Frau B: Ja.[3]

"Ob das Leben eines bestimmten Individuums lebensunwert oder wertlos ist, kann nur vom Standpunkt der Wertungen, d.h. der Ziele, Ideale und Präferenzen dieses Individuums selbst beurteilt werden."[4]
Eine Begründung für den absoluten Lebenswert unabhängig von den Interessen des individuell Betroffenen ist unverständlich. Dies gilt auch, wenn diese Interessen durch den Tod eher verwirklicht werden können.[5]

4.1.1.2. Wie wird entschieden?

Die Sichtweise des Vitalismus wird von staatlicher Seite nicht vertreten. So ist eine Abtreibung beispielsweise länger möglich, wenn

---

[1] S2 Kultur, 6.2.1994, 12.05
[2] Frau U, Kurzvorstellung der zitierten Interviewpartnerinnen im Anhang
[3] Kurzvorstellung der zitierten Interviewpartnerinnen im Anhang
[4] Hoerster in: B2, 1.4.1994, 22.05-23.00
[5] Leist, 1990, 46

eine pränatal feststellbare Behinderung eindeutig vorliegt. Der Wert des Embryos wird in diesem Falle folglich als geringer eingestuft. Eine vergleichbare Bewertung wird auch in der Gesellschaft geäußert:

"[...], die behinderte Kinder haben [...]. Daß im Grunde die anderen auch schon sagen, "Was läßt du denn so jemanden überhaupt noch leben" oder "Warum läßt du so etwas überhaupt auf die Welt kommen, das kostet doch alles nur Geld" und so weiter. [...]"[1]

Unbegreiflich sind im Hinblick auf diese Sichtweise die staatlichen Reglementierungen bei einer vom erwachsenen Betroffenen selbst erbetenen aktiven Sterbehilfe. Dies ist umso unverständlicher, als hier der Betreffende seinen Willen zu der Handlung äußert, der Fötus diese Möglichkeit selbstverständlich nicht wahrnehmen kann. Es gibt etliche erwachsene Behinderte, die in der derzeitigen Situation, mit der verfeinerten pränatalen Diagnostik abgetrieben worden wären. Befragt man sie, erhält man durchweg die Antwort, daß sie ihr Leben lebenswert finden!

4.1.1.3. Welche Kriterien entscheiden?

Das Todeskriterium "Hirntod" leistet einer ethischen Bewertung des Lebens Vorschub, die den Lebenswert abhängig von dem Grad des individuellen Bewußtseins festlegt. Dadurch wird die Vorstellung vom "Leben" auf den hierarchisch höchsten Punkt des Menschen, seinen Geist konzentriert. Die Personalität hängt dabei unmittelbar mit der menschlichen Kommunikationsfähigkeit zusammen. Spätestens seit den Ereignissen in Stuttgart und vergleichbaren in Amerika muß man aber davon ausgehen, daß Hirntote noch nicht zuende gestorben sind, wenn sie noch neues Leben hervorbringen können.[2]

Wenn beispielsweise entschieden wurde, in einem Fall wie dem "Erlangener Baby" oder dem Kind von Herrn Siegel, dem Lebensrecht des Kindes den Vorrang vor der Würde der hirntoten Mutter im Sterben zu geben, stößt man auf finanzielle Schwierigkeiten. Die Krankenkassen übernehmen die Kosten für das Austragen des Kindes nicht, mit der Begründung, für Gehirntote müßten die Kran-

---

[1] Jörns in: DLF, 26.8.1994, 10-11.30
[2] S2 Kultur, 6.2.1994, 12.05

kenkassen nicht zahlen.[1] Bestimmte ethische Grundsätze werden also nur bei entsprechender finanzieller Ausgangsbasis erfüllt. Die Menschenwürde wird abhängig von dem Vorliegen definierter Eigenschaften (Werte, hier: intakte Hirnfunktion) gemacht.[2]
In Deutschland wird seit einiger Zeit nun auch das diskutiert, was in Großbritannien bereits üblich ist: Menschen ab einem bestimmten Alter wird ein Teil der medizinischen Versorgung aus Kostengründen verweigert.[3] Diese ethisch scharf zu kritisierende Praxis führt dazu, daß die Kosten-Nutzen-Abschätzung in unserer leistungsorientierten und leistungsabhängigen Gesellschaft die Entscheidung über die Anwendung kostspieliger Medizintechnik von dem Unterschied "lebenswert" und "lebensunwert" abhängig macht und am Lebensalter relativiert.[4]
Dadurch besteht in der Zukunft noch verstärkter als heute die Gefahr einer, an der Finanzkraft des Patienten ausgerichteten Selektion, bezüglich der in Anwendung gebrachten medizinischen Möglichkeiten.
Nach Diessenbacher könnte man den, aufgrund der demographischen Entwicklung derzeit drohenden oder bereits bestehenden Werdegang im Gesundheitswesen als "technologischen Gerontozid" bezeichnen. Er befürchtet sogar eine Forderung der Ökonomie für künstliche Lebensverkürzung.[5] Ökonomie und Ethik stehen hier in krassem Gegensatz zueinander, da demgegenüber in der Diskussion um die Sterbehilfe, Moralisten eine Lebensverlängerung um jeden Preis, sogar gegen den Willen des Betroffenen, verlangen. In den industrialisierten westlichen Ländern driftet die zentrale gesundheitspolitische Überlegung zunehmend zu der Frage, was denn die Ethik der Erhaltung alter und hinfälliger Menschen kosten darf. Nach Aussage des demokratischen Gouverneurs Richard Lamm (Colorado) haben

"ältere Patienten die Pflicht [...] zu sterben".[6]

"[...] An der Universität Kopenhagen gibt es zumindest theoretische Überlegungen, die sind auch publiziert worden, von Herrn Sendorn, doch daß ältere Menschen kein Recht mehr auf das Leben haben, wenn sozusagen sie

---

[1] S2 Kultur, 6.2.1994, 12.05
[2] DLF, Kontrovers
[3] DGHS, 3/1994, 3
[4] Pelzl, 1994, 199
[5] Diessenbacher, 1990, 261
[6] Lamm, 1984, zitiert nach Diessenbacher, 1990, 262

zu viele gesellschaftliche Ressourcen in Anspruch nehmen. In Pittsburgh, in Amerika gibt es tatsächlich handfeste Versuche, diesen Hirntod auch vorzuverlegen und zu entscheiden, über den Patienten hinweg zu entscheiden, daß sein Leben beendet ist, beziehungsweise, wie ich dann sagen würde, er sein Leben beenden muß. [...]"[1]

4.1.2. Was ist "würdevolles Sterben"?

Die These, daß der Mensch intakt sei, solange sein Gehirn funktioniert, ist kein Argument für die Meinung, sich in jedem Fall der medizinischen Maschinerie überantworten zu sollen, wenn dies aus moderner medizinischer Sicht für nötig befunden wird. Man verliert, sobald man in dieses System gelangt Stück für Stück seine Freiheit.[2] Demnach haben Menschen eine berechtigte Angst vor dem Mißbrauch, der Manipulation und der Instrumentalisierung ihres Körpers.[3]

"[...] sondern es gibt auch Menschen, die in diesem technisierten Ablauf sozusagen auch eine Form des Sterbens sehen. Ich darf das vielleicht mal nennen: "modernes Sterben", und daß sie auch sagen können, das annehmen können, daß das so ist. Also, nicht in dem Sinne, daß sie sagen, ja - jetzt haben wir alles gemacht, jetzt ist die Intensivmedizin am Ende und jetzt muß der Patient sterben. Die Geräte werden ausgeschaltet. Dann - oder irgendwann werden die Organe noch entnommen. Ich bin sozusagen auf der Höhe der Technik, wenn ich mich damit identifiziere. Und das kann man auch erleben."[4]

Um einen humanen Sterbeprozeß zu ermöglichen, muß ein kulturell und sozial integriertes Sterben gewährleistet werden können.[5] Auch in den Richtlinien der Bundesärztekammer für die Sterbehilfe wird postuliert, daß der Sterbende einen Anspruch auf eine menschenwürdige Unterbringung und Betreuung hat.[6]

---

[1] Gornik in: DLF, 26.8.1994, 10-11.30
[2] Noll, 1984, 11
[3] Honnefelder in: DLF, 1.11.1994, 10-11.30
[4] Janzen in: DLF, 26.8.1994, 10-11.30
[5] DGHS, 3/1994, 3
[6] Hanack, 1985, 39

Wenn Umstände (Behinderung, Krankheit, Isolation) den Betroffenen daran hindern, seine Sozialkontakte zu pflegen, spricht man vom "sozialen Tod". Außer bei unerwartetem Todesfall, geht dem körperlichen Tod fast immer auch der soziale Tod voraus. Nach medizinischer Auffassung steht der soziale Tod dem klinischen Tod zeitlich nah.[1] Meiner Meinung nach erleiden viele, vor allem alte Menschen, den sozialen Tod aber oft schon viele Jahre vor dem eigentlichen Tod. Durch Behinderung und Isolation sind sie meist in einem Maße in ihren Außenkontakten eingeschränkt, daß man durchaus vom sozialen Tod sprechen muß.

4.1.2.1. Umgang mit Sterbenden

Wenn der Sterbende mit seiner Umwelt nicht mehr kommunizieren kann, wird er manchmal schon als Toter betrachtet: Die Angehörigen bereiten schon die Todesanzeigen vor. Die Pflegenden schließen dem Betroffenen vor Eintritt des Todes bereits die Augen. Unberücksichtigt bleibt dabei, daß der Sterbende, auch wenn er nicht mehr reaktionsfähig ist, durchaus noch wahrnehmen kann. Die Würde des Sterbenden kann hier unabsichtlich schnell verletzt werden.[2]

Eine Frau liegt im Krankenhaus. Sie ist im Endstadium ihrer Krebserkrankungen und liegt im Sterben. Sie bekommt oft Besuch von ihrer Cousine. Beim letzten Besuch erscheint der Cousine die Patientin komatös. Sie ist nicht mehr ansprechbar. Die Cousine hatte vorher noch Hoffnung, der Zustand könne sich wieder bessern. Auf dem Gang wird sie von einer der Schwestern aufgefordert, zum Schutz vor Diebstahl, der Kranken ihren Diamantring abzuziehen, den diese noch am Finger trägt. Ungeachtet dieser unsensiblen plötzlichen Aufklärung, daß das Sterben jeden Moment eintreten kann, wird auch überhaupt nicht darauf Rücksicht genommen, daß die Kranke unterbewußt das Abstreifen des Rings eventuell noch wahrnehmen könnte und damit ihr Todesurteil vermittelt bekäme.[3]

---

[1] Sudnow, 1973, 98, zitiert nach von Goddenthow, 1989, 21
[2] von Goddenthow, 1989, 22
[3] während meines Praktikums im Alten- und Pflegeheim Bockenheim von der Cousine dem dortigen Sozialdienst berichtet

4.1.2.2. Wie weit soll medizinische Hilfe gehen?

Die ärztliche Definition von "Hoffnung" beinhaltet scheinbar nur die Hoffnung auf ein möglichst langes Leben. Die Qualität bleibt dabei unberücksichtigt.[1] Jegliches medizinisches Eingreifen muß aber von den Zielen her bestimmt sein. Diese Ziele bestimmen die Grenze des ethisch Vertretbaren und müssen sinnvoll sein, also die Heilung oder Leidensminderung beinhalten. Die Beachtung dieser Grenze verhindert die willkürliche Manipulation und Instrumentalisierung des Körpers und seiner Organe.[2] Das ärztliche Handeln muß also auch die Fähigkeit beinhalten, im richtigen Augenblick medizinische Interventionen zu unterlassen.[3]

"Die ärztliche Behandlungspflicht wird nicht allein durch die Möglichkeiten der Medizin bestimmt. Sie ist ebenso an humanethischen Beurteilungskriterien [...] auszurichten."[4]

Die meisten Menschen stehen den Fortschritten in der modernen Medizin ambivalent gegenüber.[5]

> "Alles was er [der Arzt] von Anfang an [gegenüber dem krebskranken Ehemann] unternommen hat, war meiner Ansicht nach, so was von viehischer Quälerei, grauenvoll, daß ich also - da habe ich schon mein insgesamtes Gemüt müssen umschalten und mir immer wieder sagen müssen: was ich für mich für richtig halte, kann für ihn völlig falsch sein."[6]

Durch die neuere Medizin wurde inzwischen auch das Sterben Objekt ärztlichen Handelns.[7] Der Sterbeprozeß wird nun durch eine zum Selbstzweck gewordene Lebenserhaltung verändert und die Schwierigkeit um das Sterben-müssen ändert sich oftmals in die Problematik um das Sterben-dürfen.[8]

---

[1] Noll, 1984, 58
[2] Honnefelder in: DLF, 1.11.1994, 10-11.30
[3] von Goddenthow, 1989, 51
[4] Deutsche Gesellschaft für Medizinrecht, zitiert in: B2, 1.4.1994, 22.05-23.00
[5] Pelzl, 1994, 180
[6] Frau B, Kurzvorstellung der zitierten Interviewpartnerinnen im Anhang
[7] B2, 1.4.1994, 22.05-23.00
[8] Pelzl, 1994, 180

"Er will nicht sterben als entmündigtes Objekt der Medizin."[1]

Der medizinische Fortschritt benötigt in den Fällen eine ethische Korrektur, in denen das Postulat nach unbegrenztem Lebensschutz in Inhumanität überzugehen droht.[2] Dem Bedürfnis vieler Menschen, sich dem Automatismus der medizinischen Technologie zu entziehen, steht die Forderung nach der besten medizinischen Versorgung gegenüber.

"[...] Wir leben in einer Gesellschaft, meine Damen und Herren, in der erwartet wird, daß gemacht wird, was machbar ist, gewissermaßen als Rechtsanspruch formuliert. [...]"[3]

Durch die Verschiebung der Grenze des medizinisch Machbaren rückt die ökonomische Grenze zunehmend näher und immer öfter wird gefragt, ob die Behandlung eines Kranken unter dem wirtschaftlichen Aspekt noch vertretbar ist.[4] Nicht ethische, sondern ökonomische Überlegungen werden dazu führen, daß die Ärzte Patientenverfügungen, die der Versorgung mit medizinischer Apparatur widersprechen, eher berücksichtigen. Es ist fatal, daß es erst unter einem finanziellen Druck zur Anerkennung der Verfügungen kommen wird.

Die Festlegung des Todes auf den Zeitpunkt des Hirntodes ist gleichermaßen verhängnisvoll, da hier die Begründung für die Vorverlegung des Todeszeitpunktes aus den Interessen der Medizin für eine bessere Verfügbarkeit von transplantierbaren Organen resultiert.

"[...] man kann ja auch den Satz vertreten, den ich vertrete: "Leben bewahren heißt auch das Recht auf den eigenen Tod und das eigene Sterben". Und das heißt, ... auch das Sterben mit den eigenen Organen zu bewahren. Und, Leben bewahren heißt doch nicht einfach Leben zu verlängern, sondern heißt doch auch etwas, was mit Erfüllung, mit dem Inhalt, mit dem Sinn des Lebens zu tun hat. [...]"[5]

Bei einem irreversiblen Verlust der Hirnfunktionen sollte man auch die anderen körperlichen Restfunktionen ungehindert sterben las-

---

[1] Noll, 1984, 279
[2] Pelzl, 1994, 187
[3] Gornik in: DLF, 26.8.1994, 10-11.30
[4] B2, 1.4.1994, 22.05-23.00
[5] Jörns in: DLF, 26.8.1994, 10-11.30

sen.[1] Die Grenzen der Handlungsbereitschaft der Medizin liegen aus humanen Gesichtspunkten also dort, wo es nicht mehr um das unmittelbare Helfen geht. In einem Falle, in dem beispielsweise einem Neugeborenen fünf Organe transplantiert werden, bekommt die medizinische Handlung eine völlig andere Dimension, nämlich die der experimentellen Medizin.[2]

4.1.2.3. Organtransplantation

Kein Mensch darf einem anderen gegenüber einen vollständigen Verfügungsanspruch erheben, denn die Ethik der Würde des Betroffenen muß generell Vorrang vor einer Ethik der Interessen Dritter haben.[3] Man muß sich fragen, wo denn überhaupt der Respekt vor dem Menschen, der Natur und der Schöpfung bleibt, wenn der Mensch als Ersatzteillager für andere Menschen betrachtet wird, damit diese leben, oder unter Umständen auch besser leben können.[4]

Die Fortschritte in der Transplantationschirugie der jüngsten Zeit konfrontieren die Patienten mit ganz neuartigen ethischen Fragen.[5] Diese werden meiner Ansicht nach vor allem dadurch verschärft, daß auch hier wieder das Kriterium der Finanzkraft des Patienten eine Rolle spielt: So lassen sich beispielsweise reiche Deutsche in einem von Deutschen geführten Krankenhaus in Brasilien Organe transplantieren. Diese sind bezahlte Lebendspenden von Slumbewohnern. Dort kommt es dann zu der Situation, daß die Mitglieder einer Familie nacheinander ihre körperliche Unversehrtheit preisgeben, um ihren Lebensunterhalt bestreiten zu können. Für die dreimalige Nierenspende erhielten die Mitglieder einer Familie beispielsweise 17.000 Dollar. Die Spender lobten die menschliche Behandlung im Krankenhaus (!) und auch die Tatsache, daß sie jedes Weihnachten von der Empfängerin der "Spenden" Whisky geschickt bekommen.[6] Einer solchen Kommerzialisierung des menschlichen Körpers einschließlich seiner Organe, muß vehementer als scheinbar bisher praktiziert, mit allen juristischen Möglichkeiten begegnet werden![7]

---

[1] hr 2, SR 2, 29.11.1994, 21.00
[2] Renner in: DLF, 1.11.1994, 10-11.30
[3] S2 Kultur, 17.11.1993, 8.30-9.00
[4] Krieger in: DLF, 1.11.1994, 10-11.30
[5] Remschmidt, 1984, 304
[6] SWF1, 16.9.1994, 20.30
[7] S2 Kultur, 17.11.1993, 8.30-9.00

Auch die Achtung vor dem Tod, der ein Teil unseres menschlichen Lebens ist, geht zunehmend verloren.[1] Eine nach dem Eintritt des Hirntodes vorgenommene Organentnahme kann nur als Ausdruck der Mitmenschlichkeit des Spenders gewertet werden. Die Entnahme bleibt aber nur dann ein Akt der Mitmenschlichkeit, solange der Spender sich frei zu ihr entschieden hatte. Aus diesem Grund sind die umstrittenen gesetzlichen Alternativen „Widerspruchs-" und „Informationsregelung" nicht diskutabel. Durch die Widerspruchslösung würde aus der freiwilligen Organspende eine, von Staatsseite verfügte, Organabgabepflicht, von der nur durch Widerspruch Ausnahmen gemacht werden könnten.[2]

Es liegt zwar nicht in der Zielsetzung des Arztes, den Menschen durch Austausch seiner kranken durch funktionsfähige Organe unsterblich zu machen,[3] trotzdem wird versucht, aus jedem Organ das Letzte herauszuholen. Es kommt dabei nicht mehr darauf an, dem Leben Fülle zu geben, sondern nur noch Dauer. In der westlichen Welt läßt man den technischen Tod über das Sterben siegen. Das lange Leben hat sich zu einer Art Gegnerschaft zum würdigen Sterben entwickelt.[4] Es ist auch verhängnisvoll, daß die Kriterien des Gehirntodes bereits auf die Bedürfnisse einer möglichen Organentnahme zugeschnitten wurden.[5] Seit geraumer Zeit wird in der Bioethik-Debatte zudem versucht die Hirntod-Kriterien zu lockern, um die Zahl der Organentnahmen erhöhen zu können.[6] Das Schlagwort der "Totspende" ist im Bezug auf hirntote Spender sowieso falsch, denn es kommt darauf an, Lebendiges zu verpflanzen. Der am Leben gehaltene Körper wird zur Organbank.[7]

"[...] Etwas völlig anderes ist es, ob ich jetzt dieses [Hirntod-] Kriterium gewissermaßen gegen den Menschen und gegen das Vollenden seines Sterbeprozesses wende und sage "ich benutzte nun dieses Hirntod-Kriterium, um den Sterbevorgang zu unterbrechen". Da geschieht etwas, was nicht mehr im Interesse des Patienten selber liegt, sondern eines anderen Menschen. Und damit sind wir für mich ethisch bei der zentralen

---

[1] Krieger in: DLF, 1.11.1994, 10-11.30
[2] S2 Kultur, 17.11.1993, 8.30-9.00
[3] Honnefelder in: DLF, 1.11.1994, 10-11.30
[4] Jeggle, 1988, 197
[5] S2 Kultur, 6.2.1994, 12.05
[6] hr 2, SR 2, 29.11.1994, 21.00
[7] S2 Kultur, 6.2.1994, 12.05

Frage angelangt: Darf man, ohne ausdrückliche Zustimmung dessen, um den es geht, einen Sterbevorgang verzwecken? Darf man also mit dem Tod noch etwas anstellen, was nicht ausdrücklich in seinem eigenen Gedankengut und in seinem eigenen Willen gelegen hat? Kann also zum Beispiel die Gesellschaft Recht auf die Organe der Bürger verkünden, was meiner Meinung nach mit der Widerspruchslösung geschieht und auch mit der Informationslösung im Kern. Und da sage ich "nein", der Tod ist nicht zu verzwecken."[1]

Nach der kontroversen Diskussion um die Änderung des Transplantationsgesetzes wurde ein Rückgang der Bereitschaft zur Organspende von 20% verzeichnet.[2]

"[...] man muß auch als betroffener Patient, der auf, zum Beispiel, ein Organ hofft für seine Therapie, sehen, daß auch Interessen anderer Menschen berührt werden, die Würde eines anderen berührt wird."[3]

Der "Bedarf" an Organen ist inzwischen doppelt so hoch, wie das "Angebot". Die Folge ist ein stetiger Appell an die Bevölkerung sich zu der "Solidarität über den Tod hinaus" zu bekennen. Man sollte statt dessen aber die Gründe der zunehmenden Ablehnung gegenüber Organentnahmen respektieren und vor allem die Unklarheit im juristischen Gebiet politisch beseitigen.[4]

"[...] , daß ich sage, der Tod - mein Tod ist etwas, was mit meinem Leib zu tun hat. Und ich möchte auch in meinem eigenen Leib in Frieden begraben werden und nicht der Gegenstand und das Objekt der Verzweckung sein. Ich wehre mich dagegen, wie es diese Werbeschrift für die Organtransplantation ja plakatiert hat, zu einem Puzzel zu werden, aus dem man beliebig Teile heraus nimmt und wieder hereinsetzt. Und diese Art von Vergesellschaftung, von Sozialisierung des Leibes ist etwas, was mir zutiefst zuwider ist. [...]"

"[...] ich bin also wirklich empört über das, was zur Zeit im Fernsehen läuft, im Sender "ntv" etwa, diese Werbespots, in denen eine Beerdigung gezeigt wird und Grabbeigaben mit ins Grab gegeben werden und hinterher eine

---

[1] Jörns in: DLF, 26.8.1994, 10-11.30
[2] vgl. VdK-Zeitung, Oktober 1994
[3] Janzen in: DLF, 26.8.1994, 10-11.30
[4] vgl. VdK-Zeitung, Oktober 1994

Stimme sagt: "Geben Sie nicht alles mit ins Grab. Spenden Sie Organe.", als wenn die Organe des Menschen Grabbeigaben wären. Da ist dieses verdinglichende Denken wirklich auf die Spitze getrieben. [...]"[1]

1987 wurde erstmalig menschliches Hirngewebe verpflanzt. Damals, wie auch heute, stammt das Spender-Gewebe von Embryonen aus Schwangerschaftsabbrüchen.[2] Da die Hirnfunktion eines Embryos frühestens ab dem 57.Tag nach der Empfängnis einsetzt, wird über das werdende Leben bis zu diesem Zeitpunkt ohne jedes ethische und juristische Bedenken verfügt. Ein solcher naturwissenschaftlich definierter Zeitpunkt darf nicht mit dem Entstehen des Lebens gleichgesetzt werden.[3] Das Gewebe wird entnommen, um es Parkinson-Patienten versuchsweise zu implantieren. Dieses Vorgehen widerspricht allen bislang von Gesetzesseite vorgegebenen ethischen Grenzen: Nur von Menschen, die als hirntot diagnostiziert wurden, dürfen nach gesicherter vorheriger Zustimmung des Betroffenen, Gewebe und/oder Organe entnommen werden.[4] Da aber das Hirngewebe der Feten natürlich nicht tot sein darf, wird gegen diesen Grundsatz ganz eindeutig verstoßen.
Die Medizinethik umgeht die Problematik, daß das Hirngewebe des Embryos entnommen wird, wenn die Zellen noch intakt sind in der Regel vorzugsweise durch Ignoranz. Dieser Pragmatismus läßt sich auch deshalb durchhalten, weil bei abgetriebenen Feten kein Todeszeitpunkt festgestellt werden muß. Wenn das Gehirn als der Träger der Person und der Identität des Menschen angesehen wird, muß man sich sowieso generell fragen, ob überhaupt etwas ausgetauscht werden darf, welches dann das System Gehirn und damit die Identität der Person ändern könnte.[5] Es muß höchstes Ziel sein, die unverwechselbare Identität des Einzelnen zu schützen. Eine Hirngewebetransplantation bedeutet eine gänzlich neue Dimensionen für die Medizinethik. Es besteht außerdem die Gefahr, daß in der Folge auch versucht wird, komplexere Funktionen, wie zum Beispiel die psychische Befindlichkeit, zu manipulieren.[6]

---

[1] Jörns in: DLF, 26.8.1994, 10-11.30
[2] DLF, 12.7.1994, 10-11.30
[3] S2 Kultur, 17.11.1993, 8.30-9.00
[4] DGHS, 3/1994, 5
[5] hr 2, SR 2, 29.11.1994, 21.00
[6] DLF, 12.7.1994, 10-11.30

Nach Breidbach verbirgt sich hinter der Methode der Verpflanzung embryonalen Hirngewebes eine funktionalistische Anthropologie, die ein werdendes Leben opfern will, um einen Vergreisungsprozeß aufzuhalten. Diesem Verfahren liegt ein Menschenbild zugrunde, daß das Leben als ein Anlieferprogramm zur Produktion der für Operationen notwendigen Ersatzteile auffaßt.[1]

4.1.3. "Würdiges Sterben" kontra "würdiges Leben"

Unklar ist mir, warum von staatlicher Seite einerseits das Leben der Bürger, selbst gegen deren Willen geschützt wird, andererseits der Staat aber Situationen schafft, in denen das Staatsinteresse eindeutig vor dem Lebensschutz der Bürger steht (militärischer Einsatz). Scheinbar ist es bislang kein Interesse des Staates, die Lebensqualität des Individuums zu gewähren und zu schützen. Dies spiegelt sich meines Erachtens auch in den meisten juristischen Regelungen verschiedener Länder wider.[2]
Krankheit und Behinderung haben in den Industriegesellschaften keinen Platz mehr, da dort dem Leistungspotential ein großer Stellenwert zugemessen wird. Dieses gilt vor allem für chronische Erkrankungen.[3] Eine Leistungsminderung wird, wenn überhaupt, nur älteren Menschen zugestanden. Derjenige, der in jüngeren Jahren von der Leistungseinschränkung durch Krankheit oder/und Behinderung betroffen wird, hat nicht nur Schwierigkeiten mit den Ansprüchen seiner Umwelt, sondern auch mit seinem eigenen Leistungsanspruch, den er nicht mehr erfüllen kann. Solange die Umwelt eines Betroffenen diese Werte weiterhin hochschätzt, muß ein eventuell geäußerter Sterbewunsch des Betreffenden auch aus diesem Grund respektiert werden.

> "[...] die Selbsttötung von Mitgliedern [kann] nicht Ziel der DGHS sein [...], wenn der Anlaß zu diesem Verlangen nicht ein untragbarer, schmerzhafter Zustand des Sterbenden ist."[4]

Ich hätte bis vor kurzem eine ähnliche Position wie die hier postulierte vertreten. Durch die neuerdings immer schärfer werdende Situation im Pflege- und Versorgungsbereich kann ich Behinderte

---

[1] Breidbach, 1993, 218f
[2] vgl. den Fall Nancy Cruzan in: Kuhse, 1991, 54
[3] hr 2, SR 2, 29.11.1994, 21.00
[4] DGHS, 3/1994, I.

aber leider zunehmend besser verstehen, die aufgrund einer menschenunwürdigen Behandlung durch Leistungs- und Kostenträger, vermehrt an eine Lösung ihrer Situation durch den eigenen Tod denken. So ist es beispielsweise in der Stadt Frankfurt nun amtlich geworden, daß Behinderte, deren ambulante Pflege mehr als 9000 DM monatlich kostet, in die Heimpflege gedrängt werden sollen. (Dies betrifft jeden, der einen täglichen Pflegeaufwand von mehr als 6 Stunden hat!) Wenn es Betroffenen für ihre eigene Person unter ihren individuellen Wertmaßstäben unzumutbar erscheint, sich in ein solches fremdbestimmtes Leben zu begeben, dies aber von der Gesellschaft/ den Leistungsträgern nicht respektiert wird, muß demjenigen die Möglichkeit des Freitodes offen bleiben.

4.1.4. Ethische Betrachtung zum Wunsch nach dem Tod

Die Vorstellung von der Unverfügbarkeit menschlichen Lebens, wie sie lange in der christlich-abendländischen Denkweise galt, wird inzwischen durch die Forderung nach Selbstbestimmung im Sterben verdrängt. Zudem wird das Anwachsen einer utilitaristischen Ethik gefördert durch einerseits die Zunahme der HIV- und Krebserkrankungen und andererseits der immer längeren Lebenserwartung mit den damit verbundenen Folgen für das Individuum.[1]

Ich vertrete mit Kuhse die Meinung, daß das biologisch-menschliche Leben nur einen extrinsischen Wert beinhaltet, nämlich lediglich die Voraussetzungen für die Realisierung anderer moralischer Werte (beispielsweise frei und selbstbestimmt zu handeln) ist. Wenn die Verwirklichung aufgrund einer Schädigung oder Zerstörung der leiblichen Existenz des Individuums blockiert ist, kann dieses Leben von der Innenperspektive der Person aus betrachtet, durchaus wertlos sein.[2]

Es kam in den Konzentrationslagern des Nazi-Regimes kaum zu Selbstmorden, wobei die Lebenssituation der Insassen unzweifelhaft unwürdig und in hohem Maße fremdbestimmt war. Es kommt nun in der letzten Zeit aufgrund scheinbar ähnlicher individueller Situation immer öfter bei alten und behinderten Menschen zum Selbstmord. In beiden Situationen ist das Leben für das Individuum äußerst beschwerlich und quälend. Der Grund für die unterschiedliche Auswirkung auf die Selbstmordrate könnte darin zu suchen

---

[1] Pelzl, 1994, 180
[2] Kuhse, 1991, 59, 61

sein, daß man in den Konzentrationslagern sein Schicksal mit anderen Menschen teilte, in der zweiten Situation sind "Leidensgenossen" nicht in direkter Nähe. Vergleichende Untersuchungen zwischen institutionell gegenüber ambulant versorgten Menschen, mit einer jeweils vergleichbaren körperlichen Situation, könnten eventuell eine Erklärung bieten. Ich vermute allerdings, daß ein anderes Kriterium eine stärkere Relevanz hat. Man könnte es als die "Möglichkeit der Hoffnung" bezeichnen: Der Mensch in einer "von-außen-gemachten" Situation kann sich immer noch Hoffnung auf eine Veränderung der äußeren Lage machen. Je nach Diagnose und Prognose kann der behinderte und alte Mensch dies nicht.

4.1.4.1. Passive Sterbehilfe

Im Gegensatz zu der Praxis in den meisten Krankenhäusern wird in Hospizen[1] das Recht auf den eigenen Tod respektiert:
"[...] keine lebensverlängernden Maßnahmen und so sterben zu können, wie derjenige es möchte, das heißt, mit [...] Freunden und Angehörigen [...] oder in der Begleitung mit jemandem von uns. Und das heißt auch, in dieser letzten Phase noch einmal sehr stark auf die Wünsche einzugehen, die allerdings sehr bescheidene Wünsche sind, sehr reduzierte Wünsche sind [...]"[2]
Die Möglichkeit technischer Intervention in den Sterbeprozeß kann nicht allein eine Lebensverlängerung "um jeden Preis" begründen und rechtfertigen.[3]
"Ich möchte auf keinen Fall verkabelt im Krankenhaus, ohne daß ich noch irgendwas selber bestimmen kann, sterben."[4]
So kann die passive Sterbehilfe folglich als Korrektur der medizintechnischen Fortentwicklung angesehen werden, ohne deren Möglichkeit der Patient schon gestorben wäre.[5]

---

[1] so auch beispielsweise im Franziskushaus (Hospiz für Aidspatienten) in Frankfurt-Bornheim, Sandweg 57
[2] Hospizmitarbeiterin in: hr, 28.3.1994
[3] Pelzl, 1994, 183f
[4] Constanze in ZDF, 4.1.1995, 21-21.45
[5] Pelzl, 1994, 183f

4.1.4.2. Indirekte Sterbehilfe

Zirka 60% aller Krebskranken im terminalen Stadium leiden unter unerträglichen Schmerzen. Wenn man solchen Schmerzen ausgesetzt ist, kann man sich auf gar nichts anderes mehr konzentrieren, daher hat die Schmerztherapie innerhalb der symptomatischen Behandlung einen sehr hohen Stellenwert. In diesem Bereich ist die Bundesrepublik im Vergleich mit den anderen Industrienationen leider immer noch ein Entwicklungsland. Obwohl die Möglichkeit besteht, Schmerzen zu lindern oder gar zu beseitigen, wird dies nicht ausreichend praktiziert und fehlt sogar weitgehend in der Ausbildung der Ärzte.[1]

Es nimmt dem Sterbenden seine Würde, wenn er gezwungen ist, sich aufgrund starker Schmerzen nur noch mit seinem Körper zu beschäftigen. Er hat dann nicht mehr die Möglichkeit, sich auf anderes zu konzentrieren oder auch, sich auf andere Menschen einzulassen.[2]

4.1.4.3. Beihilfe zur Selbsttötung und aktive Sterbehilfe

Der Schutz des menschlichen Lebens beinhaltet auch den Schutz der menschlichen Würde. Diese kann jedoch auch im Sterben verwirklicht werden.[3] Nach Montaigne ist der freiwillige Tod der schönste, da dieser nur von unserem Willen abhängt, das Leben dagegen vom Willen anderer.[4] Die Tötung eines Menschen zu dessen eigenem Wohl kann eine solche Handlung dagegen niemals rechtfertigen, wenn der Betroffene nicht selbst zugestimmt hat.[5]

Aus ethischer Sicht ist die passive Sterbehilfe in Grenzfällen nicht von der aktiven zu trennen: Wenn in einer bestimmten Situation ein Leben künstlich zu verlängern wäre, dann ist das Sterbenlassen auch als gezielte Lebensverkürzung zu beurteilen.[6] Töten und Sterbenlassen sind also, wenn die externen Bedingungen konstant gehalten werden, moralisch gleich zu bewerten, denn beide Handlungen können das überlegte und absichtliche Beenden eines

---

[1] hr, 28.3.1994
[2] von Goddenthow, 1989, 56
[3] Otto, 1986, D 96
[4] Montaigne, Buch 2, Kapitel 3, zitiert nach Noll, 1984, 43
[5] Foot, 1990, 311
[6] Leist, 1990, 49

Lebens bedeuten. Wenn die aktive und passive Euthanasie in Begriffen von Töten und Sterbenlassen definiert sind, ist somit die aktive Euthanasie keinesfalls verwerflicher, als die passive Euthanasie, solange alle sonstigen Randbedingungen gleich sind.[1] Somit kann aus Nichthandeln ebenso eine moralische Verantwortung erwachsen, wie aus Handeln, da mit beidem manchmal dieselbe Absicht verwirklicht werden kann. Ein bloßes Nichthandeln verhindert somit keinen moralischen Tadel, genausowenig, wie ein Handeln generell schuldhaft ist.[2]

Moderatorin: Was wäre denn, wenn es eine Möglichkeit für dich gäbe, daß dir jemand hilft, selbstbestimmt zu sterben, wann du das willst?
Claudia: Das wäre schön. Das Angebot würde ich wahrscheinlich auch in Anspruch nehmen.[3]

4.2. Religion

Das Gehirn des Menschen denkt Gott. Dies beweist nicht seine Existenz, erzwingt aber die Frage nach ihr.[4]

4.2.1. Der Tod

Je nach Glaubensrichtung wird der Tod als Ende oder als Übergang interpretiert. In den meisten Religionen wird er als Schritt in ein jenseitiges Leben betrachtet.[5] Die zentrale Auffassung in der christlichen Religion ist die Spaltung zwischen Körper und Seele beim Eintritt des Todes.[6] Je mehr der Tod aus medizinischer Sicht betrachtet wird, ändert sich jedoch die Vorstellung vom Tod beträchtlich.[7]
Das Bild vom Jenseits, wie man es sich früher machte, ähnelte dem Diesseits. Die Welt, in die man glaubte nach dem Tode einzutreten, war ein Abbild der Welt, in der man lebte.[8] In der heutigen Zeit muten solche Gedanken aber merkwürdig ungewohnt an:

---

[1] Reichenbach, 1990, 319f
[2] Reichenbach, 1990, 322
[3] ZDF, 4.1.1995, 21-21.45
[4] Noll, 1984, 65
[5] von Goddenthow, 1989, 42
[6] von Goddenthow, 1989, 129
[7] von Goddenthow, 1989, 140
[8] Jeggle, 1988, 170

"Die harten Gedanken sind natürlich - auf die man kommt in so einer Situation, wenn es einem ziemlich schlecht geht - ob man durch den Tod auch wirklich von der Krankheit erlöst wird, oder ob man nicht womöglich nach dem Tod doch noch irgendwie mit der Krankheit weiter leben muß."[1]

Die Hoffnung auf ein anderes (besseres) Leben nach dem Tod ist weitgehend erloschen. Aufgrund des Rückgangs der Eschatalogie, dem Wegfall des Ausschauens auf das Leben nach dem Tod entsteht ein psychischer Druck im Menschen. Alle Hoffnung, die sich früher auf das nächste Leben richten ließ, muß nun in dieses Leben hinein gebracht werden. Ehemals konnte man die Glückseligkeit noch gelassen für das zukünftige Leben erwarten. Jetzt muß sie im Erdenleben erfüllt werden. Das Reich Gottes und die Ewigkeit müssen wenigstens partiell jetzt realisiert werden. Der Mensch kommt somit in die Situation, sich als Macher seines eigenen Heils bewähren zu müssen.[2]

Im Gegensatz zur Existenzphilosophie stellen die meisten Religionen - besonders die christlichen - demgegenüber ein Weiterleben nach dem Eintritt des Todes in Aussicht.[3]

4.2.2. Sinn des Todes

Tod und Sterben haben in den meisten Religionen ihren definierten Sinn, der also darin liegt, den Tod als Übergang in eine andere Existenzform zu interpretieren.[4] Nur der Gläubige kann den Tod als zum Leben gehörend und natürliche Ordnung empfinden.[5] Religiöse Menschen betrachten aus diesem Grund das Leben auch dann nicht als unvollendet, wenn es frühzeitig endet. Die Aussicht auf ein Weiterleben nach dem Tode und der damit verbundenen Sinngebung verringert bei gläubigen Sterbenden daher auch die Angst und Einsamkeit.[6]

---

[1] Ralf, Mukoviszidose-Patient in: ZDF, 4.1.1995, 21-21.45
[2] Jörns in: DLF, 26.8.1994, 10-11.30
[3] Remschmidt, 1984, 304
[4] Remschmidt, 1984, 312
[5] B2, 1.4.1994, 22.05-23.00
[6] Remschmidt, 1984, 308, 312

In der Antike und dem frühen Christentum sah man vor allem dann einen Sinn im Tod, wenn jemand für etwas gestorben war (den Glauben, das Vaterland, wenn man jemanden rettete).[1]
Von Atheisten wird die Frage nach dem Sinn des Lebensendes nur als Suche nach Trostvorstellungen aufgefaßt.[2]
> "Das Leben wird nicht sinnlos ohne Gott, wohl aber der Tod."[3]

Allerdings sind sich Christen und Nichtchristen darin einig, daß der Sinn des Lebens höher zu bewerten ist, wenn man den Gedanken an den Tod nicht verdrängt. Auch das Sterben sei dann leichter.[4]

4.2.3. Tod als Strafe

Früher war die Begründung für alles Leid, wie auch für den Tod die, daß der Mensch beides erst durch den Sündenfall im Paradies auf die Welt brachte. Die Folge dieses Glaubens führte zwangsläufig dazu, einem Kranken oder Behinderten die Schuld an seinem Schicksal zuzuweisen.[5] So sehen auch heute noch manche Menschen, vor allem jene, die irgendwann in ihrem Leben eine stärkere religiöse Bindung hatten, den herannahenden Tod als Strafe für irgendeine Schuld an. Die richtende Instanz, die eine solche Strafe verhängen kann, ist hier entweder die anonyme Vorsehung oder Gott.[6] Meist wird der Tod aber mehr aus weltlicher Sichtweise betrachtet. Er rückt immer weiter von den Religionen ab und wird eher als natürliches Schicksal gesehen, welches mit Hilfe der Medizin auch aufzuhalten versucht wird.[7]

In christlichen Religionen wird die Ursache für die Existenz des Todes also im Sündenfall gesehen. Er wird als Buße für die Nichtbeachtung einer göttlichen Weisung aufgefaßt.[8] Für gläubige Christen verliert der Tod aber seine Schrecklichkeit durch die Auferstehung Christi, der die Sünden der Menschen auf sich nahm und dafür am Kreuz starb.[9]

---

[1] Noll, 1984, 132
[2] Noll, 1984, 192
[3] Noll, 1984, 238
[4] Noll, 1984, 115
[5] Kreiner, 1994
[6] Remschmidt, 1984, 309
[7] von Goddenthow, 1989, 137
[8] von Goddenthow, 1989, 121
[9] von Goddenthow, 1989, 127

4.2.4. Sinn im Leid?

Atheisten sehen im Vorhandensein des Leides einen Beweis gegen die Existenz eines gütigen und allmächtigen Gottes. Da es in der Regel nicht mit einer rationellen Logik vereinbar ist, einem Kranken die Schuld an seinem Schicksal zuzuschreiben, kamen die Theologen in neuerer Zeit immer mehr dazu, die Begründung für das Leid anderweitig zu suchen. Neuere prozeßtheologische Lösungsversuche brachten unter anderem die These, daß Gott nicht allmächtig sei. Eine andere Vorstellung dürfte von Gläubigen eher akzeptiert werden können: die Theodizee der "Seelenbildung". Ein Ziel der Schöpfung sei es gewesen, freie Menschen zu schaffen. Diese Freiheit des Menschen hätte dazu geführt, daß dieser nicht nur das Gute, sondern auch das Böse und das Leid kennenlernen wollte. Die von Gott dem Menschen gewährte Freiheit hat somit einen hohen Preis.[1]

In der christlich-abendländischen Religion wird sogar Schmerz als reinigender Zustand betrachtet. Jede Form von Qualen führt nach dieser Auffassung den Menschen näher zu Gott. Derartige Begründungen für das Vorhandensein von Leid lassen sich, jedenfalls von Atheisten, schwer nachvollziehen.

Schon in den Märchen, die wir als Kind erzählt bekommen, wird fast immer behauptet, daß das Schicksal gerecht sei. Aus der Strafe wird auf das Verbrechen gefolgert.[2] Somit ist es auch nicht erstaunlich, daß jemand, der sich mit einer Erkrankung bestraft fühlt, nach seiner Schuld an diesem Schicksal sucht. Bis zu einem gewissen Grad mag dies noch sinnvoll sein, wenn in der Folge dieser Überlegungen ein drastisch ungesundes Verhalten eingestellt und eine Genesung begünstigt wird.

Alles deutet darauf hin, daß es gläubigen Menschen leichter fällt, mit einem schweren Schicksal umzugehen. Dies könnte zu der Meinung führen, daß Nichtgläubige durch einen Schicksalsschlag religiös würden, weil sie es dadurch leichter hätten. Dies scheint aber nicht der Fall zu sein:

Gläubige Menschen, die einen sehr nahen Angehörigen im Sterben bis in den Tod begleitet haben, glauben anschließend manchmal nicht mehr.

---

[1] Kreiner, 1994
[2] Noll, 1984, 224

"[...] er [...] konnte mit dem Glauben gehen. Als er gegangen war, da hatte ich den Glauben nicht mehr - er muß ganz langsam wieder nachwachsen."[1]

4.2.5. Sinn einer Behinderung?

Für einen von Behinderung Betroffenen kann die Religion eine große Hilfe sein. Wenn er sich als Geschöpf Gottes versteht und sein Leben in allen seinen Ausprägungen so von Gott gewollt versteht, nimmt er es als sinnerfüllt wahr. Für einen Atheisten dagegen ist der Eintritt der Behinderung oder auch der drohende Tod, eine Zerstörung aller Erwartungen und Möglichkeiten, die er an das Leben koppelte.[2] Die missionarischen Bemühungen streng Gläubiger können dann unbeabsichtigt eher Schaden anrichten:

"[...] denke ich an einen Ausdruck eines väterlichen Freundes, der [...] mich eben auch bemitleidete. Der sagte einmal: "Ich freue mich, wenn ich unseren lieben Kreuzesträger Karl besuchen kann." Nun ist es ja so: Kreuzesträger, Kreuz - durchaus ein religiöses Symbol, das ich hochschätze, [...]. Also er hat mich mit etwas sehr ehrenwertem, fast heiligen, mich wahnsinnig zu Boden gedrückt. Also da konnte ich nur mehr nach oben gucken, das war sehr drastisch und hat mein Selbstwertgefühl natürlich unerhört beschädigt und nach unten gedrückt."[3]

4.2.6. Kirche und Lebenswert

4.2.6.1. Kirche und Behinderung

Die Kirchen sehen allerdings nicht in jeder Behinderung und Krankheit sofort den Willen Gottes, die man daher immer gut heißen müßte. So unterstützte der katholische Bischof Lawrence Casey sogar den Vater, einer dauerhaft im Koma liegenden Patientin, in dessen Begehren, die künstliche Beatmung der Tochter abschalten zu lassen. In der theologischen Begründung wird darauf Bezug genommen, daß die Beatmungsmaschine ein außergewöhnliches Mittel der Lebenserhaltung sei und deshalb, vom Standpunkt der

---

[1] Noll, 1984, 277
[2] B2, 1.4.1994, 22.05-23.00
[3] Karl Zeidler, Muskelschwund-Patient in: hr 2, 29.11.1994, 6.12.1994

katholischen Kirche aus, nicht obligatorisch.[1] Auch die Reformierte Holländische Kirche von 1972 legte in einer synodalen Stellungnahme den Lebenswert in Abhängigkeit von der Kommunikationsmöglichkeit des Individuums fest. Für ein Leben im biblischen Sinne sei die Möglichkeit zur Kommunikation das entscheidende Kriterium.[2]

4.2.6.2. Kirche und Suizid

> "[...] weil ich nicht länger bleiben konnte, dann habe ich Tag und Nacht geweint. Weil ich gedacht habe: Lieber Gott, was hat ein Mensch mit 81 Jahren verbrochen, daß man ihn nicht sterben läßt?"[3]

Für religiöse Menschen wird das Leben als von Gott gegeben angesehen und liegt deshalb ausschließlich in seiner Verfügung. Der Mensch ist somit nicht berechtigt, menschliches Leben zu beenden, sei es das Leben anderer oder sein eigenes. Der Gläubige muß zudem auch befürchten, daß er mit einem Selbstmord oder der Bitte nach aktiver Sterbehilfe ewige Verdammnis auf sich nähme.[4] Es können hier trotzdem zwei widersprüchliche Überlegungen auftreten: (1) "Gott allein hat das Recht, das Leben zu nehmen, welches er geschenkt hat." und (2) "Gott hat dieses Leid gesandt und mich so in die Verzweiflung getrieben, daß eine Erlösung nur noch im Freitod möglich ist. Also scheint er dieses Handeln auch zu respektieren."[5]

> Ich: Hätten Sie denn auch religiöse Bedenken vor aktiver Sterbehilfe für sich selber? Also, wäre Religion oder Glaube ...
> Frau B: Nein, ich würde mit meinem lieben Gott mich selbst zum Anwalt machen, indem ich ihm das vorher alles genau erkläre.[6]

---

[1] Steinbock, 1980, in: Kuhse, 1991, 57
[2] B2, 1.4.1994, 22.05-23.00
[3] Frau B (Kurzvorstellung der zitierten Interviewpartnerinnen im Anhang) zum Sterben ihres Vaters
[4] Smullyan, 1992, 367
[5] von Goddenthow, 1989, 13
[6] Kurzvorstellung der zitierten Interviewpartnerinnen im Anhang

4.2.7. Reinkarnation, christliche Vorstellung zum Weiterleben nach dem Tod

Ich vertrat bis vor kurzem auch die These, daß Menschen, die behindert oder sehr krank werden, eine stärkere Akzeptanz gegenüber dem Reinkarnationsgedanken zeigen. Dies fand ich aber weder in von mir geführten Interviews,

> Wir haben nur das Eine. Danach ist nichts mehr.[1]

noch in den Äußerungen Betroffener in der Literatur bestätigt.

> "Die Absenderin möchte, daß ich vorurteilslos die Bücher [über Reinkarnation] lese, und ich kann es nur stichprobenweise, um sofort festzustellen, daß das alles unsinnige Spekulation ist."[2]

Meine Vorstellung, daß hier sicherlich ein Zusammenhang bestünde, entstand aus der persönlichen Erfahrung, kurz nach Eintritt meiner Behinderung sehr offen für solche Gedanken gewesen zu sein. Dieses Phänomen interpretiere ich inzwischen als den Wunsch nach "Wiedergutmachung" in einem weiteren, besseren Leben.

Nach einer Allensbachumfrage erlebt der Wiedergeburtsglauben einen Aufschwung in der Gesellschaft. In der Hauptsache sind es vor allem jüngere Menschen, die daran glauben, schon einmal gelebt zu haben. 74% der Bundesbürger lehnen jedoch die Vorstellung der Seelenwanderung ab.[3] Mir ist leider nicht bekannt, ob auch die jeweiligen Lebensumstände der Befragten erfaßt wurden.

Bereits in den 60er Jahren wurden Alternativen zu den früheren Glaubensrichtungen beliebter. Man kann diese größere Offenheit gegenüber beispielsweise der Parapsychologie auch als Protest gegen eine Welt interpretieren, die stark auf logische Systeme und Technik baut.[4]

---

[1] Frau G, Kurzvorstellung der zitierten Interviewpartnerinnen im Anhang
[2] Noll, Krebspatient im terminalen Stadium, 1984, 225
[3] von Goddenthow, 1989, 43f
[4] von Goddenthow, 1989, 137

"Vorstellung des Todes: Ich falle tiefer und tiefer in mich selbst hinein, so wie ich jetzt schon mich fast nur noch mit mir selbst beschäftige."[1]

5. Psychologie

"Es sind äußere Bedingungen, die weitgehend unsere Emotionen und Stimmungen gegenüber der Todesfrage bestimmen".
Zu diesen externen Kriterien gehören beispielsweise die Umstände des Todes: Unsere Gefühle gegenüber dem individuellen Tod werden davon beeinflußt, ob der Tod leichtsinnig selbst verschuldet, durch Gewalt verursacht oder der Hergang für uns eher mysteriös war. Relevant ist hier auch, ob der Verstorbene gesund, krank oder behindert war.[2]

5.1. Sterbenmüssen

5.1.1. Der Betroffene

Die Sterblichkeit des Menschen macht ihn allen anderen Lebewesen gleich. Vermutlich ist der Mensch aber das einzige Wesen, daß um seine Endlichkeit weiß.[3]

5.1.1.1. Vorstellung und Einstellung zum eigenen Tod

Auf einer naturhaft-urwüchsigen Ebene ist die Vorstellung vom Nichtsein der eigenen Person völlig unvorstellbar. Diese Ebene wurde lange unterdrückt und verleugnet. Da es im menschlichen Leben aber eine sehr frühe Entdeckung ist, daß etwas verschwinden oder zerstört werden kann, können wir andererseits scheinbar problemlos vom Nichtsein anderer auf unser eigenes potentielles Nichtsein schließen.[4]

Unabhängig davon, ob eine Erkrankung vorliegt, beschäftigt man sich mit fortschreitendem Alter zwangsläufig zunehmend gedanklich mit seinem eigenen Tod.

---

[1] Noll, 1984, 194
[2] von Goddenthow, 1989, 11f
[3] Jeggle, 1988, 158
[4] Harding, 1992, 37f

"Als er 90 war, sagte Ernst Bloch [...] er sei nur noch neugierig auf das Sterben - er war damals nicht krank - Sterben als die Erfahrung, die er noch nicht gemacht habe und die nicht aus Büchern zu beziehen sei."[1]

Die individuelle Einstellung zum Tod ist je nach Alter, Weltanschauung, Lebenserfahrung, Familien- und Berufssituation sehr unterschiedlich. In der aktuellen Sterbephase hat dieses Individuelle allerdings dann nur noch einen modifizierenden Einfluß. Prägend auf das Verhalten im Sterbeprozeß wirkt allerdings die Zugehörigkeit zum entsprechenden Kulturkreis.[2] Der persönliche Umgang mit dem Sterben scheint außerdem generell davon abhängig zu sein, wie der Betroffene mit seinem Leben umging, auf welche Art und Weise er gelebt hat (beispielsweise resolut, stoisch oder zaghaft).[3]

5.1.1.2. Die gewünschte Art des Todes

Zumindest in unserem Kulturkreis wird generell ein Sterben ohne Leiden angestrebt.[4] Die Wünsche eines Schwerkranken beziehen sich, nachdem er sich damit abgefunden hat, daß keine Hoffnung auf Heilung und ein Weiterleben mehr besteht, im Bezug auf sein Sterben, folglich auf einen leichten Sterbeprozeß.
"Wahrscheinlich werden [...] diese [die Metastasen] nun doch den Primärtumor überholen. Ich komme mir vor wie einer, der zum Tod durch Rädern verurteilt war und nun zum Tod durch Köpfen begnadigt wird." "[...] und sicher werde ich den schöneren Tod haben, zum Beispiel an einer Lungenentzündung sterben statt an einer Metastase."[5]
Uneinigkeit besteht demgegenüber aber in der Bewertung des Gedankens, mit funktionierendem Bewußtsein zu sterben. Vielen Menschen ist es scheinbar lieber, den Sterbeprozeß nicht bewußt zu erleben.
"Am liebsten wäre es mir, bei der Operation in der Narkose zu sterben."[6]

---

[1] Noll, 1984, 280
[2] Remschmidt, 1984, 308
[3] Professor Zenz, Universität Frankfurt
[4] B2, 1.4.1994, 22.05-23.00
[5] Noll, 1984, 272f
[6] Noll, 1984, 63

> "Das ist ja der Bestandteil, den ein jeder
> im Hinterkopf hat, aber die wenigsten errei-
> chen das halt: Mitten im Leben halt dann der
> Schlag treffen und umfallen."[1]
> "Wir hoffen und beten ja alle auf den
> schnellen Herztod, aber der ist ja meistens
> gar nicht drin."[2]

Eine weitere Version wäre es, plötzlich beim Tanzen umzufallen, die häufigste wird aber wohl die, des "einfach Einschlafens" sein.[3]

> "So'n ruhiger Tod - so hinwegsterben oder sowas, also
> so schlafen und dann nicht mehr aufwachen - so stell' ich
> mir das vor."[4]

Der Wunsch nach einem unbewußten Sterben liegt wahrscheinlich ebenso, wie die Suche nach dem "natürlichen Tod" eigentlich in dem Wunsch nach einem angstfreien Tod.[5]

Entgegen dem Bedürfnis der meisten Menschen, daheim zu sterben, wird hierzulande gegenwärtig meistens in Krankenhäusern gestorben.[6] Dort leiden die meisten Sterbenden sehr unter dem Erlebnis der Einsamkeit. Gegen diese können sie nun - gegenüber den aktiveren Stadien ihres Lebens - nichts mehr tun. Aufgrund der, mit der Einsamkeit verbunden, absoluten Isolierungsempfindung sterben viele Menschen in großer Angst.[7]

5.1.1.3. Die Angst vor dem Sterben und dem Tod

> "Natürlich wissen wir alle, daß wir sterben müssen, und
> doch tun wir so, als hätte das Leben kein Ende, als
> würde die Situation des Todes immer nur andere betref-
> fen, von denen wir hören, daß sie endlich im Spital ge-
> storben sind, [...]"[8]

Gegen die Angst vor dem Tod standen dem Menschen früher mehr Kompensationsmechanismen zur Verfügung. Da diese inzwischen

---

[1] Frau G, Kurzvorstellung der zitierten Interviewpartnerinnen im Anhang
[2] Frau B, Kurzvorstellung der zitierten Interviewpartnerinnen im Anhang
[3] vgl. Claudia in: ZDF, 4.1.1995, 21-21.45
[4] Claudia in ZDF, 4.1.1995, 21-21.45
[5] Jeggle, 1988, 171
[6] Huppmann, 1988, 193
[7] Remschmidt, 1984, 308
[8] Noll, 1984, 115

meist aufgegeben wurden, wird die Angst immer unfaßlicher und das Sterben dadurch unheimlicher.[1] Die Ursache der Angst vor dem Sterben liegt im Ursprünglichen, nämlich im Biologischen begründet. Der, wohl genetisch angelegte, Lebenserhaltungstrieb bestimmt das Streben jedes Lebewesens um Erhalt des Lebens.[2] Dieser Lebenszwang führt beispielsweise auch dazu, daß sich die meisten Kranken in die Apparatemedizin begeben und sich das Leben Stück für Stück wegnehmen lassen.[3] Nicht nur der Arzt, sondern auch der Patient sollte zu seinen eigenen Grenzen stehen. Dies ist in Anbetracht der Todesangst natürlich eine große Forderung, die, wie die Erfahrung zeigt, oft nicht zu verwirklichen ist.[4] Es gilt aber auch heute noch als Tugend, dem kommenden Tod "ins Auge zu sehen" und ihm (notgedrungen) möglichst selbstbewußt zu folgen.[5]

Der Begriff "Todesangst" wird in verschiedener Begrifflichkeit verwendet. Zum einen bezeichnet "Todesangst" die Reaktion auf eine aktuelle Bedrohung des eigenen Lebens, sei es von außen (Unfall) oder im eigenen Körper (Krankheit). Die andere Bedeutung von "Todesangst" ist eigentlich Angst vor dem Tod. Dieses ist die Angst des einzelnen vor dem Nichts, vor Unbekanntem, oder auch der Bestrafung durch Gott. Im Vergleich hierzu, ist die Angst vor dem Sterben deutlicher zu benennen. Sie bedeutet Angst vor Schmerzen, Isolation, Einsamkeit, Hilflosigkeit und damit verbundene Abhängigkeit oder auch vor dem Verlust der persönlichen Würde und der sozialen Identität.[6]

> "Der Tod macht keine Angst, [...] aber das Sterben, weil das ja lange dauern kann, wenn man nicht selber, was ich ja in Erwägung ziehe, halt dann selber seinem Leben ein Ende machen kann."[7]

Zusätzlich zu diesen Ängsten vor den Umständen des Sterbeprozesses, mag auch eine Angst vor dem Abschiednehmen vorhanden sein oder die Befürchtung, eine bestimmte Sache nicht mehr

---

[1] Jeggle, 1988, 177
[2] von Goddenthow, 1989, 33
[3] Noll, 1984, 28
[4] Honnefelder, DLF, 1.11.1994, 10-11.30
[5] Jeggle, 1988, 162
[6] Silbernagel, Huppmann, 1988, 66
[7] Frau U, Kurzvorstellung der zitierten Interviewpartnerinnen im Anhang

abschließen zu können.¹ Neben den Variablen "Art der Erkrankung", "Persönlichkeit des Kranken", "Stellung des Patienten in Familie und Beruf", spielt auch die Variable "Lebensalter des Patienten" eine entscheidende Rolle, ob der Patient Todesangst zeigt.² Mit dem Näherrücken des Todes durch Krankheit oder Alter wächst meist auch die Angst vor dem Sterben. Aus diesem Grund sprechen ältere Patienten wohl ungern über das Alter und den Tod.³ Sie haben allerdings dann weniger Angst vor dem Tod, wenn sie auf ein gelebtes Leben zurückblicken können.⁴

5.1.1.4 Der Versuch, den Tod zu betrügen

Bis vor kurzem erschien die Idee der Organtransplantation noch visionär. Inzwischen ist manche Transplantation sogar zur Routine geworden. In der Regel ist diese Methode eine für den Menschen akzeptable Möglichkeit, sein Leben zu verlängern. Die Fälle, in denen ein Patient aus beispielsweise religiösen Gründen ein lebensrettendes Organ verweigert, sind sehr selten. Eine Zurückweisung gibt es allerdings bei Patienten, die die damit verbunden Risiken nicht in Kauf nehmen wollen oder sich von einer Transplantation keine Lebensverlängerung mit einer Mindestlebensqualität versprechen (können).

"[...] das ist wie bei einer Hose: da gibt's dann nur 'nen großen neuen Flicken - und einerseits kann's auch gut sein, daß die [Lungen-] Transplantation nicht gut wird - und, ich mein', es gibt 'ne Zahl [...]: nach vier Jahren leben noch die Hälfte - ich meine: dann macht man sich auch so seine Gedanken. Anderseits bin ich auch so ein bißchen - mittlerweile hat man schon so viel erlebt: und die Ärzte und Patienten und wenn man sich transplantieren läßt ... dieses ständige Hin-und-Her zwischen Hannover und Zuhause ... und irgendwo habe ich auch da keinen Nerv mehr für. Wenn ich jetzt 'n paar Stunden weg bin, sind die Probleme schon so groß - wenn ich drei/vier Stunden weg bin. [...] möchte ich das ganze lieber lassen. [...] es ist eben auch nervenaufreibend und psychische Belastung, wenn man da ein Jahr lang mit

---

[1] von Goddenthow, 1989, 33f
[2] Bühler, 1966, zitiert nach Remschmidt, 1984, 306
[3] von Goddenthow, 1989, 31
[4] Bühler, 1966, zitiert nach Remschmidt, 1984, 306

einem Piepser rumrennt, ist auf der Warteliste und ständig kann es los gehen."[1]

Auch die Nachbehandlung (für den Rest des Lebens ist ständige Immunsupression erforderlich) mag manchen Patienten davon abschrecken, sich auf eine solche Operation einzulassen, wenn sein Leben dadurch nicht entscheidend, unter der Gewähr einer Mindestlebensqualität, verlängert wird.[2] Demgegenüber willigen Patienten sogar ein, sich embryonales Hirngewebe einpflanzen zu lassen, um das Leben zu verlängern. Solche Versuch werden bei der Erkrankung Chorea Huntington durchgeführt. Diese Menschen nehmen damit auch das Risiko in Kauf, mit dem fremden Hirngewebe auch eine fremde Persönlichkeit implantiert zu bekommen.

Ich möchte an dieser Stelle keinesfalls den Eindruck einer Verurteilung entstehen lassen! Angesichts der, bei dieser Erkrankung prognostizierten Symptomatik, würde ich sicherlich nichts unversucht lassen, um das Fortschreiten zu verhindern. Es ist für mich allerdings nicht abschätzbar, ob ich mich in einer solchen Situation, aufgrund der Unausweichlichkeit der Verschlechterung, nicht für den Freitod entscheiden würde.

Der Mensch praktiziert inzwischen auch Methoden, die es ihm ermöglichen sollen, den Tod rückgängig zu machen. Der Lebenszwang drängt ihn zu abstrusen Versuchen:
Bei der Firma Alcor in Arizona können Menschen anordnen, daß nach ihrem Tod der Leichnam eingefroren wird. Diese Menschen hoffen auf den wissenschaftlichen Fortschritt, der dann die Möglichkeit einer Wiederbelebung Toter bieten soll. Dem Leichnam wird möglichst kurz nach dem Ableben das Blut gegen flüssigen Stickstoff (Trometamin) ausgetauscht. Danach wird er bei minus 196°C tiefgefroren. Es gibt bislang etwa 30 Menschen, die sich nach ihrem Tod einfrieren ließen. Ein Tierversuch gibt ihnen die Hoffnung, daß sie tatsächlich eines Tages weiterleben können. Bei diesem Versuch wurde das Blut bei lebenden Hunden gegen Trometamin ausgetauscht. Sie wurden 6 Stunden lang tiefgefroren und waren angeblich, nach dem Auftauen und dem Auswechseln des Trometamins gegen ihr Blut, wieder im ursprünglichen Zustand. Es sei auch bewiesen worden, daß das Gehirn wieder voll lebensfähig sei: die Hunde hätten weiterhin auf ihren Namen reagiert.

---

[1] Ralf, Mukoviscidose-Patient in: ZDF, 4.1.1995, 21-21.45
[2] Renner, DLF, 1.11.1994, 10-11.30

Die Menschen, die vor ihrem Tod ein solches Verfahren für die Zeit nach ihrem Ableben verfügen, bezahlen ihre Hoffnung teuer: Die gesamte Methode kostet 120.000 DM. Für die, denen dies zu kostspielig ist und die keinen großen Wert darauf legen die Fortführung ihres Lebens unbedingt in ihrem eigenen Körper fortzuführen, gibt es die billigere Variante, bei der nur der Kopf eingefroren wird. Diese Leistung ist für 50.000 DM zu bekommen. Mir ist allerdings nicht bekannt, wie lang Alcor für diesen Betrag den Leichnam oder den Kopf des Leichnams in seiner Kühlkammer beläßt. Bei der letzten Variante setzt die Umsetzung des Wiederbelebens dann natürlich auch voraus, daß ein fremder funktionsfähiger Körper zur Verfügung steht. Man kann sich bezüglich dieser absonderlichen Vorstellung vielfältige unheimliche Varianten konstruieren: Man stelle sich nur vor, daß ein "weiblicher" Kopf einem "männlichen" Körper aufgepflanzt würde. Solche Assoziationen erinnern fatal an Science-fiction-Romane.[1]

5.1.1.5. Reaktionen auf den nahenden Tod

Mit der Diagnose einer eindeutig zum Tode führenden Erkrankung ändert sich das Gefühl gegenüber dem Sterben, als einer weit entfernt liegenden Möglichkeit, schlagartig. Der Tod ist plötzlich eine individuelle und aktuell bevorstehende Wirklichkeit.[2] In der akuten Trauer auf die Eröffnung der Diagnose können Weinen, Schlaflosigkeit und Appetitlosigkeit, aber auch Aggressionen auftreten.[3] Wenn man dann mit der Diagnose einer tödlichen Krankheit lebt, ist dieses Bewußtsein immer aktuell. Das Wissen um diese individuelle Situation absorbiert alle Gedanken.[4] Man kann aber, gegenüber dem ärztlichen Verständnis zum Tod (als Gegner), zum eigenen Tod ein neutrales Verhältnis finden.[5]

"Also, das Positive daran ist, daß man eigentlich immer versucht, so viel vom Leben aufzusaugen wie möglich, weil man halt immer vor Augen hat, daß halt der Tag der letzte sein könnte."[6]

Ein Krebskranker mag sogar etwas Positives im Krebstod sehen: Aufgrund der damit verbundenen zeitlichen Begrenzung hat er Zeit,

---

[1] 3sat, 1.11.1994, 21.15
[2] von Goddenthow, 1989, 36
[3] Huppmann, 1988, 201
[4] Noll, 1984, 12
[5] Noll, 1984, 230
[6] Constanze in ZDF, 4.1.1995, 21-21.45

den Tod vorwegzudenken. Er weiß, daß die Zeit kürzer ist, als er bislang annahm und beschäftigt sich dadurch mit dem Thema Tod. "Es gab viel Traurigkeit, auch echte Heiterkeit, keine Verzweiflung, erstaunlicherweise."[1] Mit der Ungewißheit des exakten Todeszeitpunktes ist allerdings äußerst schwer umzugehen.[2] Um abzuschätzen zu können, wie sehr er sich beeilen muß, damit er die Dinge, die ihm zu regeln noch wichtig sind, erledigen kann, will der Kranke wenigstens ungefähr wissen, wieviel Lebenszeit ihm noch verbleibt.[3] In seiner Auseinandersetzung mit dem näher rückenden Tod ist es dem Patienten außerdem ein Bedürfnis, den weiteren Verlauf der Erkrankung und die Art seines individuellen Sterbeprozesses abschätzen zu können.[4] Ist die Todesnähe diagnostisch relativ festlegbar, kann der Betroffene darin sogar eine gewisse Freiheit empfinden:

"Niemand kann uns mehr nehmen als das Leben, und dieses wird uns ohnehin genommen. Dieser Gedanke gibt Freiheit, gibt geradezu frische Luft."

Das Bewußtsein um die Begrenzung des Lebens durch den Tod verändert dann das Gefühl gegenüber dem Leben. So verlieren viele Bedürfnisse und Zwänge an Bedeutung. Pflichten, denen man bislang mit Freude nachgekommen ist, werden plötzlich nicht mehr als sinnvoll erfahren.[5] Das Leben wird, aus der Sicht des Todes betrachtet scheinbar leichter und freier und teilweise auch intensiver.

"Etwas zum letztenmal sehen ist fast so gut, wie etwas zum erstenmal sehen."[6]

Man sieht vieles außerdem in seinem größeren Zusammenhang: "Es gibt zum Beispiel eine ästhetisch-kosmische Sicht: Ich sehe die Sonne, die Wolken, [...]; ich denke mehr daran, daß dies die für uns sichtbaren Teile der atmosphärischen Bewegungen sind, daß wir uns in einem großen Wirbel von elementaren Mächten befinden [...]. Sonst dachte ich eher: jetzt fängt es schon wieder an zu regnen [...]."[7]

---

[1] Noll, 1984, 115
[2] Noll, 1984, 58
[3] Noll, 1984, 114
[4] Noll, 1984, 257
[5] Noll, 1984, 75, 116
[6] Noll, 1984, 83
[7] Noll, 1984, 130

Der Kranke wird mit seiner begrenzten Zeit bewußter und sorgfältiger umgehen als bisher. In der Beziehung zu anderen Menschen kann er sich diesen gegenüber liebevoller und geduldiger verhalten, sofern er sich nicht psychisch gegen sein nahes Ende wehrt.[1] Je nach den individuellen Bedürfnissen des Patienten verschieben sich die menschlichen Beziehungen und damit Kontakte allerdings qualitativ.

"Mehr diejenigen lieben, die dich lieben, weniger dich denjenigen widmen, die dich nicht lieben."[2]

Mit dem Näherrücken des Sterbezeitpunktes zieht sich der Kranke zunehmend zurück. Die Kontakte werden zwar nicht zwangsläufig gemieden, sie werden aber auch nicht gesucht.[3]

"Seit es sich überall herumgesprochen hat, daß ich Krebs habe, schreiben oder telefonieren mir viele Bekannte, wollen mich noch lebend sehen, und ich denke, daß sie gar nicht daran denken, daß ich sie vielleicht nicht sehen will, und daß sie von einer konventionellen Vorstellung ausgehen, daß derjenige, der bald stirbt, möglichst viele von seinen alten Bekannten noch sehen will. Ich bin ungerecht gegenüber dieser Geste, die denen, die sie tun, wirklich etwas bedeutet."[4]

Ein Mensch, der sich mit seinem näherrückenden Tod intensiv auseinandersetzt bereitet eventuell auch seine eigene Beerdigung in Einzelheiten vor (Predigttext, Musik ...).[5]

"Ich bin nicht der erste Tote, der vor seinem Tod zu ihm gekommen ist. Manche alte Menschen tun dasselbe und sprechen sich mit dem Pfarrer vorher ab, kommen also ganz gesund und bei vollen Sinnen zu ihm und reden über die Beerdigung."[6]

Im Laufe dieser Auseinandersetzung werden die Gedanken über Sterben und Tod immer klarer. Dabei kann auch das Bedürfnis entstehen, Angehörige und Freunde

"mit dem einzigen [zu] konfrontiere[n], was für jeden einzelnen mit Sicherheit feststeht: mit seinem Ende."[7]

---

[1] Noll, 1984, 116
[2] Noll, 1984, 83
[3] Noll, 1984, 43
[4] Noll, 1984, 212
[5] Noll, 1984, 53
[6] Noll, 1984, 57
[7] Noll, 1984, 114

Wenn ein schwerstkranker Patient eindeutig den Todeswunsch ausspricht, ist dieser Wunsch selbstverständlich nicht immer als Bitte nach aktiver Sterbehilfe zu werten. Er kann auch als verzweifelte Äußerung über die nicht ausreichenden Möglichkeiten der Medizin, den Tod zu verhindern, verstanden werden.[1] Es gibt mehrere Gründe, warum Schwerstkranke, die unter schweren Schmerzen leiden und den Tod herbeisehnen, diesen dennoch nicht durch Selbstmord einleiten. Ein Grund hierfür wäre beispielsweise, daß der Selbstmord aus ethischen Gründen für verwerflich gehalten wird, ein anderer, die Befürchtung, anderen Menschen mit dem Tod ein Leid zuzufügen.[2]

5.1.1.6. Die akute Sterbephase

Im länger andauernden Sterbeprozeß scheint das gleiche zu passieren, was auch von Menschen berichtet wird, die nah an der Todesgrenze waren. Diese schildern, daß sie ihr Leben in eng geraffter Zeit, wie einen Film ablaufen sahen. Auch beim länger andauernden Sterbeprozeß, der vielleicht auch als solcher noch gar nicht empfunden wird, da die Symptome der Krankheit noch nicht als bedrohlich wahrgenommen werden, wird vieles, längst Vergangenes unerwartet wieder geistig präsent.[3]

Die meisten Sterbenden verdrängen die Tatsache ihres näher rückenden Todes. Nur in wenigen Momenten sind sie dann zu einem, meist kurzen, Gespräch darüber bereit.[4] Erst in einer späteren Phase wird die Angst vor dem Tod durch ein Verlangen nach dem Sterbenkönnen abgelöst. Diese Reaktion erfolgt, je mehr die Patienten sich dem Zustand der Erschöpfung nähern.[5] Im eigentlichen Sterbeprozeß kommt es dann manchmal zu verschiedenen psychischen Störungen. Das Denken wird zunehmend verlangsamt, andererseits aber auch unzusammenhängend und ideenflüchtig. Die Patienten werden leicht egozentrisch und kritiklos. Ebenso können sie ihre Situation nicht mehr angemessen beurteilen. Diese Denkstörungen sind auch die Ursache dafür, daß ihre Sprache unklar, ungenau und schwer verständlich wird. Aufgrund

---

[1] vgl. Sporken, 1976, 278f, zitiert nach Otto, 1986, D59
[2] Smullyan, 1992, 367
[3] Noll, 1984, 262
[4] hr, 28.3.1994
[5] Bühler, 1966, zitiert nach Remschmidt, 1984, 306

des, immer gleichförmig wieder auftretenden, Tagesablaufs kann es bei Schwerstkranken auch zu Störungen der Orientierung und des Gedächtnisses kommen. Das Interesse an der Umwelt sinkt bei diesen Patienten vielfach und ist verständlicherweise auf den eigenen Körper und eigene Probleme eingeengt. Todkranke haben in Verbindung mit Bewußtseinstrübungen manchmal auch Halluzinationen. Diese können in allen Sinnesgebieten auftreten. Allerdings weisen glücklicherweise nur wenige Patienten in der Sterbephase die beschriebenen kognitiven Störungen auf.[1]

5.1.2. Die anderen

5.1.2.1. Das Verhalten gegenüber Sterbenden

Menschen, die sich lebensverlängernden Maßnahmen verweigern, wird ein gewisses, nicht benennbares Mitgefühl entgegen gebracht. Sie haben den Vorteil, daß ihnen nicht die peinliche Rücksichtnahme zuteil wird, die der Patient in der Klinik erfährt. Derjenige, der sich nicht in die Krankenhausmaschinerie verfrachten läßt bleibt weiterhin voll anerkannt.[2] Wenn sich der Kranke stattdessen aber in den Krankenhausbetrieb begibt, wird er dort in eine extrem passive Patientenrolle gedrängt. Sämtliche Handlungen um und mit ihm geschehen aufgrund diagnostischer oder therapeutischer Überlegungen von ärztlicher Seite oder auch einfach aus organisatorischen Umständen, aber nie auf der Basis von Entschlüssen des Patienten.[3]

Trotz dieser Situation sterben die meisten Menschen in Deutschland in Krankenhäusern oder Pflegeheimen, also in fremder Umgebung. Es wäre stattdessen wichtig, ihnen zur Vermeidung "sozialer Schmerzen" zu ermöglichen, ihre letzte Zeit in gewohnterer Atmosphäre zu erleben.[4]

Es entspricht leider der Realität, daß in der Ausbildung von Ärzten und medizinischem Pflegepersonal, zumindest in Deutschland, meist nur sehr reduziert auf eine sozial-emotional adäquate Kommunikationsform mit lebensbedrohlich Erkrankten eingegangen

---

[1] Remschmidt, 1984, 313f
[2] Noll, 1984, 124
[3] Noll, 1984, 180
[4] von Goddenthow, 1989, 61f

wird.[1] Angesichts des somit unzureichend ausgebildeten medizinischen Personals, der mangelhaften Schmerztherapie und der häufigen Anonymität im Sterben schwindet die Bereitschaft der Menschen, das Sterben als Bestandteil des Lebens zu akzeptieren. Sie befürchten zu Recht den "sozialen Tod".[2]

In der Regel wird bei den Ärzten und dem medizinischen Pflegepersonal wenig über Sterben, Tod und Unheilbarkeit gesprochen. Ihr Stolz über die Fortschritte der Medizin schwindet angesichts eines Sterbenden und wird durch ein lähmendes Gefühl absoluter Hilflosigkeit und Ohnmacht abgelöst.[3] Die Konfrontation mit Todkranken stellt für sie eine starke emotionale Belastung dar. Diese wird durch einerseits Überaktivität, andererseits aber auch mit Distanzierung zu kompensieren versucht.[4] Letztere führt dazu, daß sich Pflegekräfte und Ärzte von den Sterbenden zurückziehen.[5] So bleibt das Klinikpersonal auch nicht länger als unbedingt erforderlich bei einem Todkranken.[6] Das Sterbezimmer in einer Klinik wird folglich von Besuchern und Personal gemieden.[7] Es wurde sogar mehrfach festgestellt, daß Moribunde länger auf eine Reaktion auf ihr Klingelzeichen warten müssen. Dies alles macht deutlich, wieso dem biologischen meist ein sozialer Tod vorausgeht.

Neben der Isolation des Betroffenen läßt sich auch Verleugnung, Identifikation oder gar Verkindlichung des Patienten als psychologisch oft unbewußte Reaktion von Ärzten, Schwestern und Pflegern nennen. Sie sind als interpsychische Schutzfunktion zu interpretieren.[8]

Die gleiche Schutzreaktion auf Seiten der Angehörigen ist die Ursache dafür, daß sie klärende Gespräche mit dem Sterbenden vermeiden.[9] Sie weichen dem offenen und ehrlichen Gespräch ängstlich aus, vermeintlich um den Sterbenden zu "schonen".[10]

"Wir müssen uns von Nebenbett aus nur einmal die Familien ansehen, wie sie im Sonntagsstaat hereintreten, den Arm voller Blumen ..., auf allen luftfrischen

---

[1] Huppmann, 1988, 193
[2] Pelzl, 1994, 199
[3] Remschmidt, 1984, 303
[4] Silbernagel, Huppmann, 1988, 66
[5] von Goddenthow, 1989, 61f
[6] von Goddenthow, 1989, 67
[7] Noll, 1984, 11
[8] Huppmann, 1988, 203f
[9] von Goddenthow, 1989, 67
[10] von Goddenthow, 1989, 61f

Gesichtern das gleiche Lächeln, das dem Vater verkündet, es werde nun bald alles gut werden. Vielleicht war in ihm schüchtern gegen den Brauch der Wunsch aufgestiegen, nun, da seine Ahnung unabweisbar wurde, mit den Seinen endlich einmal zur Sache zu kommen, dieses lange Leben miteinander zusammenzufassen und ein gutes Wort zu sprechen, das mehr bedeuten und länger bleiben würde als die Photographie. Aber sie durchbrechen seine Isolierung nicht, sie plaudern und fragen nach dem Essen. Und auch später, wenn sie dann einzeln kommen und nur noch flüstern, weil es ernst geworden ist, gelingt es ihnen selten, aus dem Bann auszubrechen, den die Gesellschaft verhängt hat: Man spricht nicht darüber."[1]

Erst das Akzeptieren des bald eintretenden Todes, auch von Seiten der Angehörigen, ermöglicht den bewußten Sterbevorgang und damit ein würdevolles Sterben. Die angestrebte Würde wird durch die Wahrung von Respekt gegenüber dem Sterbenden, aber vor allem durch dessen Selbstbestimmung bezüglich des Ablaufs des Sterbens verwirklicht. Trotz Schwäche und Hilflosigkeit muß der Sterbende in seinen Wünschen ernst genommen werden.[2]

Auch gegenüber Bewußtlosen sollte äußere Ruhe und respektvolles Verhalten selbstverständlich sein, da viele Bewußtlose mehr wahrnehmen, als man als Außenstehender ahnt.[3]

Moderator: [...] Sprechen Sie diese Menschen [Hirntote] an, wohl wissend das Sie keine Antwort bekommen?

Janzen: Also - das Ansprechen ist eine von Schwestern und auch von Ärzten geübte Praxis, die etwas mit Würde des Betroffenen zu tun hat. Und natürlich - die eigene Überzeugung sagt, daß dieses was wir sagen nicht gehört wird und nicht verstanden wird, dennoch ist ein solcher Umgang mit Patienten dieser Art notwendig. Das ist das eigene Fühlen. Es entspricht dem, was auch die Angehörigen und auch die Schwestern, die Pfleger und auch Krankengymnasten diesen Patienten gegenüber empfinden. [...][4]

---

[1] Hampe, in: B2, 1.4.1994, 22.05-23.00
[2] S2 Kultur, 8.11.1994, 10.05-10.30
[3] B2, 1.4.1994, 22.05-23.00
[4] DLF, 26.8.1994, 10-11.30

5.1.2.2. Das Aufklärungsgespräch

Ärzte vermeiden es, mit Sterbenden über deren Situation zu reden.[1] Angst wird ebenfalls die Ursache dafür sein, daß Ärzte dem Todkranken seine Diagnose zu lange oder gar überhaupt verheimlichen.[2] Ein exakter Todeszeitpunkt kann allerdings auch bei sehr schweren, zum Tode führenden, Erkrankungen kaum vorhergesagt werden. Remschmidt vertritt die Meinung, daß man solche Aussagen auch am besten überhaupt nicht machen sollte, da sie die Situation nur unnötig dramatisierten. Die Aufklärung sollte dem Patienten nicht alle Hoffnung nehmen und auch nur so weit erfolgen, "wie das Verständnis des Patienten reicht".[3] Ich plädiere entgegen diesen Postulaten Remschmidts dafür, dem Patienten eine eindeutige und klare Auskunft zu geben, und dies unbedingt, wenn gesichert erscheint, daß er bald sterben muß. Der Kranke muß die Möglichkeit haben, sich auf seinen Tod vorzubereiten. Die These, man dürfe den Patienten nicht unnötig beunruhigen, um ihm die psychischen Belastungen im Angesicht des Todes zu ersparen, sind meiner Meinung nach Ausflüchte. Es erscheint mir mehr als ein Versuch der Ärzte, sich selber nicht mit dem Problem dieser sehr schwierigen, und den Arzt sicherlich auch stark belastenden, Aufklärung zu konfrontieren. Es genügt selbstverständlich nicht, den Patienten knapp und sachlich über seinen Zustand aufzuklären. Es muß nach dem, hoffentlich sehr empathisch geführten, Aufklärungsgespräch von Seiten des Arztes auch für eine weitere Sterbebegleitung gesorgt werden.

Das Aufklärungsgespräch mit einem unheilbar Kranken gehört selbstverständlich nicht in die Chefvisite, sondern muß zu einem geeigneten Zeitpunkt individuell gehandhabt werden. Es sollte in einem "unter-vier-Augen"-Gespräch mit dem zuständigen Arzt stattfinden.

Diese Aufklärung darf auch nicht nach dem Instruktionsbedürfnis des Arztes erfolgen, sondern nur durch den Informationswunsch des Kranken gelenkt werden. In manchen Fällen mag eine schrittweise Aufklärung empfehlenswert sein. Der Arzt sollte den Kranken dann in mehreren Gesprächen behutsam auf seine reale Situation hinführen.[4] Da es aber kaum auf-Dauer-ahnungslose Kranke gibt,

---

[1] Huppmann, 1988, 203
[2] von Goddenthow, 1989, 67
[3] Remschmidt, 1984, 316f
[4] Huppmann, 1988, 200

könnte es den Kranken andererseits viel mehr beunruhigen, die Information über seinen Zustand sukzessive mitgeteilt zu bekommen.

5.1.2.3. Sterbebegleitung

Seitdem Frau Kübler-Ross viel über das Thema Sterben gearbeitet und veröffentlicht hat, ist diese Materie nicht mehr völlig tabuisiert. So hatte ich im Laufe dieser Arbeit beispielsweise wenig Schwierigkeiten, Menschen (Bekannte und Unbekannte) zu finden, die bereit waren, sich zu diesem Thema befragen zu lassen. Es berührt dennoch die Intimsphäre: Eine meiner Gesprächspartnerinnen lud mich für das Gespräch gezielt zu einer Zeit ein, in der keine ihrer Helferinnen anwesend war. Einen anderen Aspekt brachte mein Neurologe ein: Er befürchtete, daß mich die Beschäftigung mit dem Thema gesundheitsschädigend deprimiere.
Jeder in der Sterbebegleitung beruflich Tätige, unerheblich ob aus dem theologischen, sozialarbeiterischen oder psychologischen Gebiet, stößt mit dem Gesprächsangebot über den Tod irgendwann auf Widerstände bei Sterbenden.[1] Meist entspricht das offene Gespräch über das Sterben und den Tod dennoch den Bedürfnissen aller Beteiligten (Pflegepersonal, Ärzten sowie Betroffenen).[2] Eine professionelle Begleitung kann hierbei manchmal mehr leisten als Angehörige. Diese sind oft überfordert, wenn es darum geht, dem Sterbenden beizustehen. Eventuell sind sie auch zu sehr in den Gedanken verstrickt, was der Tod des ihnen Nahestehenden für ihr eigenes Leben bedeutet.[3]

> "[...], wo ich mich immer schäme, weil das von mir reiner Egoismus ist."[4]

Moderator: [...] die Arbeiten von Herrn Blumenthal-Barbie, der bei Ihnen beschäftigt ist und die auch eine Bestandsaufnahme sowohl der klinischen, als auch der häuslichen Sterbehilfe umfassen. [...]

---

[1] hr, 28.3.1994
[2] Dörner, 1989, 368
[3] hr, 28.3.1994
[4] Frau B (Kurzvorstellung der zitierten Interviewpartnerinnen im Anhang) zu ihrem Verhalten gegenüber dem sterbenden Ehemann

Pohlmeier: [...]. Die Hilfe beim Sterben ist Sterbebegleitung auch genannt und ist ärztliche Aufgabe und unsere Untersuchungen, beziehungsweise die von Herrn Blumethal-Barbie, haben ergeben, daß Sterbebegleitung innerhalb der Medizin sehr intensiv und mehr und mehr auch als ärztliche Aufgabe nicht nur empfunden wird, sondern auch wahrgenommen wird. Vor allen Dingen auch in der niedergelassenen Praxis, in der häuslichen Pflege aber auch mehr und mehr in Krankenhäusern. [...] und insofern kann man sagen, daß Sterbebegleitung und Hilfe beim Sterben von Ärzten in allen Bereichen der Medizin mehr und mehr wahrgenommen wird.[1]

Für eine adäquate Umgehensweise mit dem Sterbenden muß ein Sterbebegleiter für seine eigene Person bestimmte Fragen geklärt haben: "Wie gehe ich mit meinem eigenen Leben um und wie gehe ich mit meinem eigenen Tod um?" Eine solche Aufarbeitung ist für einen natürlichen Umgang mit Sterbenden unerläßlich.[2]

5.1.2.4. Stellungnahmen zur aktiven Sterbehilfe

Ein großes Ziel der Hospizbewegung ist es, ein Umfeld zu schaffen, in welchem Menschen nicht mehr das Verlangen haben, um aktive Sterbehilfe zu bitten. Nach Ansicht von Frau D. (Krankenhausseelsorgerin in der Nord-West-Stadt-Klinik, Frankfurt) haben Patienten, die gut versorgt sind und in einer Gemeinschaft leben, kein Bedürfnis sich das Leben zu nehmen. Zur Bestätigung berichtet sie von Fällen, in denen Kranke zuvor eine Patientenverfügung verfaßt haben. Dort dokumentieren sie, daß sie im Falle einer schweren Erkrankung umgebracht werden wollen. Diesen Wunsch hätten sie aber nicht mehr, wenn der Prozeß einer solch schweren Krankheit eingesetzt hat. Sie schließt (meiner Meinung nach: fälschlicherweise) daraus, daß der Prozeß des Sterbens oftmals viel erträglicher ist, als gemeinhin angenommen wird. Dies sei allerdings nur dann der Fall, wenn Menschen da sind, die dem Sterbenden bis zu seinem Tod noch Erfahrungen ermöglichen.[3]
Schobert wirft den Hospiz-Mitarbeitern, Pflegern und Ärzten in diesem Zusammenhang Unehrlichkeit vor. Wenn sie in öffentlichen

---

[1] hr 2, 12.6.1994, 21.00
[2] hr, 28.3.1994
[3] hr, 28.3.1994

Diskussionen die Meinung vertreten, daß seelischer Beistand und Schmerzbekämpfung ausreichend seien, um die Bitte nach aktiver Sterbehilfe zu verhindern, seien sie nicht offen genug. In vielen Fällen mögen diese Hilfen wohl erfolgreich sein, jedoch nicht in jeder Situation. Er setzt sich daher auch weiterhin für die Reform des Strafgesetzparagraphen "Tötung auf Verlangen" ein.[1]

Auch Frau Tausch-Flammer berichtet, daß in Hospizen von Seiten der Patienten durchaus manchmal der Wunsch geäußert wird, Medikamente zu bekommen, die das Leben beenden. Die angenehme Atmosphäre im Hospiz und auch die Nähe von Freunden und Angehörigen bewahre nicht vor diesem Verlangen. Es wird diesem Wunsch allerdings nicht entsprochen.[2]

Es ist allerdings scheinbar Praxis, entgegen gesetzlicher Reglementierungen, einen unaufhaltsamen Sterbeprozeß in bestimmten Fällen zu beschleunigen, wenn dieser ein lange dauerndes Ersticken bedeutet.

> Ralfs Arzt: Wir versuchen mit den zur Verfügung stehenden Medikamenten ihm vor allem seine Schmerzen zu nehmen, sofern Schmerzen auftreten. Und, daß er weiß, daß wenn er in eine Situation zuhause kommt, mit der er nicht mehr fertig wird, daß jederzeit, egal wann das ist, jemand hier ist, der ihm dann versucht eben diese Schmerzen oder andere Dinge, die ihn belasten dabei zu helfen, damit umzugehen. Wobei das im Sinne ist - das ist sozusagen eine Begleitung von dem Patienten in seinen letzten Lebensmonaten, muß man sagen, in der Aufarbeitung des, in Sicht befindlichen Endes, seines Todes. [...]
> Moderatorin: Sind da auch die Ärzte gefragt? Der Ralf hat mir beispielsweise erzählt, daß er es sehr beruhigend fände, wenn es Ärzte gäbe, zu denen er kommen könnte und sagen könnte: So, und jetzt möchte ich nicht mehr, bitte gib mir 'was.

---

[1] DGHS, 1994, 2
[2] Tausch-Flammer, in: ZDF, 1.11.1994, 23.05

Ralfs Arzt: Sie wissen das, daß aktive Sterbehilfe ein gegen die Gesetze handelndes Tun wäre, und daß uns das selbstverständlich auch nach dem Hippokratischen Eid untersagt ist. Wenn ein Patient im Endstadium einer Lungenkrankheit kommt, bekommt er eine sogenannte CO_2-Narkose - irgendwann, wenn eine künstliche Beatmung nicht eingeleitet wird, so daß dann von selbst sozusagen eine Narkose und ein friedliches Einschlafen stattfindet. Vielfach ...
Moderatorin: Also das ist doch passive Sterbehilfe?
Ralfs Arzt: Das ist im weitesten Sinne ein Respektieren der Wünsche, der vorher geäußerten Wünsche des Patienten oder seiner Eltern.[1]

Eine Erleichterung des Sterbevorganges durch eine "CO_2-Narkose" bedeutet ein Verursachen der Bewußtlosigkeit durch die Gabe von CO_2, beziehungsweise den Entzug von Sauerstoff. Da dies meines Erachtens eindeutig als künstliche Beschleunigung des Sterbeprozesses einzustufen ist, würde ich solches Handeln als aktive Sterbehilfe bezeichnen!

5.2. Sterbenwollen?

Um die derzeitige Meinung der Bevölkerung zu aktiver Sterbehilfe zu messen, beauftragte die DGHS das Bielefelder Forschungsinstitut Emnid. Als Basis diente folgende Frage:

"Es wird verstärkt darüber diskutiert, ob es erlaubt sein soll, unheilbar Kranke von ihrem Leiden zu erlösen, indem ihr Leben auf ausdrücklichen Wunsch beendet wird. Wie stehen Sie zu diesem Problem: Sollte Sterbehilfe für unheilbar Kranke erlaubt sein oder sollte dies nicht der Fall sein ?"

Für die Auswertung dichotomisierte Emnid die Variablen "Geschlecht", "Konfession" und "Ostdeutsche/r-Westdeutsche/r". Zusätzlich variierte Emnid nach "Schulbildung" und "Parteipräferenz", merkwürdigerweise aber nicht nach "Alter". Das Ergebnis er-

---

[1] nicht ausgestrahlter (!) Teil der Rohfassung der Doppelpunkt-Sendung (ZDF, 4.1.1995, 21-21.45)

brachte eine positive Einstellung gegenüber aktiver Sterbehilfe bei unheilbar Erkrankten. Die geringste Akzeptanz fand sich bei Katholiken mit dennoch 69%, die größte bei Bündnis 90/Grüne-Anhängern (86%). Die Antwortmöglichkeit "Weiß nicht" benötigten nur 0-1% der Befragten.[1] Dies läßt den Schluß zu, daß die Problematik "Sterbehilfe - ja oder nein?" sich zu einem Thema entwickelt hat, mit dem sich jeder bereits gedanklich auseinandergesetzt hat und zur Stellungnahme fähig und auch bereit ist.
Die Anzahl der Sterbehilfe-Befürworter erscheint mir viel zu hoch. Ich fände eine solche Einstellung in der Bevölkerung zwar wünschenswert, habe aber in mehreren Diskussion die genannten Verhältnisse nicht bestätigt gefunden. Mir ist nicht deutlich, woran dies liegen könnte. Da ich die Ergebnisse des renommierten Forschungsinstitutes nicht begründet in Frage stellen kann, ist meine Überlegung, ob die Gegner der aktiven Sterbehilfe ihre Meinung lauter verfechten.-?

5.2.1. "Geburtsbehindert" kontra "später behindert"

Menschen, die von Geburt an behindert sind, oder sehr früh behindert wurden, erschienen mir immer äußerst souverän im Umgang mit ihrer Behinderung. Ich erklärte mir dies damit, daß sie keinen eigenen Vergleich zu einem früheren unbehinderten Lebensabschnitt haben und es ihnen daher auch nicht völlig bewußt ist, was ihnen entgeht. Diese arrogante Haltung ließ sich (glücklicherweise) nicht aufrecht erhalten.

"Im Rückblick kann ich sagen, daß ich den größten Kampf mit meiner Behinderung in meiner Kindheit hatte. Es hat mich total genervt, und ich hatte richtige Wutanfälle, weil ich nicht einfach aufstehen und mit meinen Geschwistern mitrennen konnte. [...] Irgendwann noch in der Kindheit war dann der Kampf gegen meine Behinderung einfach ausgestanden. Jedenfalls erinnere ich mich nicht, daß sie mich später jemals noch so genervt hätte."[2]
"Ich sehe einen großen Vorteil darin, daß ich mich seit der Geburt damit auseinandersetzen und arrangieren muß und ein anderes Leben nicht kenne."[3]

---

[1] DGHS, 1994, 1
[2] Helga Jansons, Spastikerin in: Eggli, 1993, 177
[3] Andreas Kersting-Wilmsmeyer, Mukoviscidose-Patient; in: Eggli, 1993, 165

Mir erscheint es demgegenüber attraktiver, 25 Jahre gesundes, und 28 Jahre nichtbehindertes Leben erlebt zu haben. Ich möchte diese Zeit nicht missen, auch wenn ich dadurch keine Übung und Souveränität gegenüber der Behinderung entwickeln konnte. Ein, für mich nicht benennbarer, Unterschied in der Bewältigungsmöglichkeit für den Behinderten besteht meines Erachtens darin, ob eine für Außenstehende sichtbare Behinderung und/oder Mobilitätseinschränkung vorliegt. In der Regel dürfte es für den Betroffenen auch schwerer sein, wenn eine progressiv fortschreitende Behinderung vorliegt, denn diese Patienten müssen sich immer wieder mit einem erneuten Verlust auseinandersetzen. Die Unterscheidung zwischen "geburtsbehindert" und "später behindert" dürfte hier keine Relevanz haben.

5.2.2. Vorteile durch Einschränkungen?

"Heike bekam ihre Friedreich'sche Ataxie später. Es ist wie bei Oliver und mir eine progressive Behinderung, der sie aber erstaunlich schnell viel Positives abzugewinnen wußte: Sie muß nicht mehr in einem ungeliebten Beruf arbeiten, lernte durch die Behinderung ihren späteren Mann kennen, bekommt eine Rente, muß sich also nicht ums tägliche Brot sorgen ..."[1]

"Ach ja, »Friedrich« - so nenne ich meine Behinderung, eigentlich heißt sie ja »Friedreich'sche Ataxie«, aber das ist so ein Wortungetüm... Ja, und wenn ich die nicht hätte, könnte ich nicht all das machen, was ich mache. Ich hätte z.B. keine Tiere... Und dann müßte ich ja auch arbeiten gehen, und ich muß sagen, da bin ich eigentlich zu faul dazu (in der Runde wird gelacht). Ja, wenn ich einen tollen Job hätte, den ich aber nie hatte... wer kriegt schon einen Job, der richtig Spaß macht, das sind doch die wenigsten. Na ja, und so bin ich jetzt ganz zufrieden."

"Meine Behinderung ist ein Teil von mir, den ich auch liebe. Denn dadurch habe ich gelernt, viel bewußter zu leben."[2]

"Helga findet, daß sie mehr Muße zu einem ruhigen Nachdenken über das Leben hat, gerade weil sie behin-

---

[1] Eggli, 1993, 162
[2] Heike Boodwasch-Hooymann, in: Eggli, 1993, 163, 175

dert ist. Und daher nicht immer eine Arbeit vorweisen muß."[1]

"Wir alle finden [...], daß wir durch die Behinderung auf neue Wege geführt wurden, in der Lebensgestaltung, und überhaupt, gedanklich, wie auch in der Sexualität, und daß wir dafür dankbar sind."[2]

Ich kann obige Äußerungen nur als krasse Selbsttäuschung werten. Mir erscheint dies als gewaltsamer Versuch, der Behinderung etwas Positives abzugewinnen. Es ist meiner Meinung nach beispielsweise falsch, zu betonen, daß es Dinge gibt, die man ohne die Behinderung nicht hätte tun können. Die angeführten Dinge hätten natürlich durchaus auch ohne Behinderung verwirklicht werden können. Scheinbar haben diese Betroffenen den Weg dahin aber nicht gefunden.

Vielleicht muß ich mein Urteil als Überheblichkeit werten, daß dadurch zustande kommt, daß mir mein nichtbehindertes Leben fast durchweg gelang. Somit ist mir nun durch die körperliche Unfähigkeit, bestimmte Dinge zu tun, vieles verloren gegangen, was ich sehr vermisse.

In meinem Bekanntenkreis gibt es (neben etlichen anderen!) ebenfalls Behinderte, die eine vergleichbare Meinung, wie die oben mehrfach zitierte, vertreten.

Eine junge Frau hilft regelmäßig einer Schwerstbehinderten. Im Gespräch wird plötzlich die "Märchen-Frage" aktuell: Was würdest du dir wünschen, wenn du einen Wunsch frei hättest? Die Helferin glaubt die Antwort der Behinderten schon zu wissen: Gesundheit. Die Antwort fällt aber anders aus: Sie wünscht sich viel Geld, um ihre Wohnsituation angenehmer zu gestalten und besser über Hilfe verfügen zu können![3]

"Wir haben unsere körperliche Behinderung mehr oder weniger akzeptiert und stellen fest, daß das hauptsächliche Leiden, das die Behinderung verursacht, gesellschaftlich bedingt ist, d.h. wir leiden nicht primär an der Behinderung, sondern darunter, daß uns die lieben Mit-

---

[1] Eggli, 1993, 162
[2] Eggli, 1993, 162
[3] Dies wurde mir von der Helferin berichtet

menschen nicht so akzeptieren, wie wir sind, und uns die Hilfe nicht gewähren, die wir brauchen."[1]
"Am meisten nervt mich die behindertenfeindliche und mitleidige Gesellschaft, das macht mich erst zur Behinderten."[2]
Auch diese Äußerungen sind für mich einerseits eine Verleugnung der eigenen Beeinträchtigungen, andererseits eventuell aber auch 'Schuld'-Suche für die eigene Einschränkung im Verhalten anderer.

"Ich habe eine depressive Freundin, und wenn ich sie manchmal so bedrückt sehe, denke ich, dann lobe ich mir meinen Muskelschwund."[3]
Diese "Aufrechnung" gegen fremde Schwierigkeiten zeigt meiner Meinung nach, daß nicht jeder Betroffene die Einschränkungen wünscht und aus der Behinderung Nutzen zu ziehen glaubt.
Die Äußerungen von Behinderten über den Gewinn aufgrund ihrer Behinderung, erinnern meiner Meinung nach auch an Äußerungen von Menschen, die die Diagnose einer tödlichen Krankheit bekommen:
"Ich habe selber bei mir erfahren, daß man plötzlich die kleinen Schönheiten des Lebens wiederentdeckt, die einfach überall sind."[4]

Wie oben schon aufgeführt, empfindet durchaus nicht jeder Behinderte seine Einschränkung als Vorteil.

> Frau U: Nein, ich wüßte nicht, was ich für Vorteile davon habe. Nur Nachteile: Meine Persönlichkeit verändert sich. Ich bin nicht mehr derjenige, der ich wäre, wenn ich gesund wäre. [...]
> Ich: Sie würden sagen, Sie sind angstbesetzter? Ist das richtig?
> Frau U: Ja, sicher, bestimmt. Was die Behinderung jedenfalls betrifft.[5]

---

[1] Eggli, 1993, 162
[2] Heike Boodwasch-Hooymann, Friedreich'sche Ataxie-Patientin; in: Eggli, 1993, 175
[3] Eggli, 1993, 165
[4] von Goddenthow, 1989, 42
[5] Kurzvorstellung der zitierten Interviewpartnerinnen im Anhang

5.2.3. Behinderung und Tod

Die Angst vor dem Sterben wird meiner Einschätzung nach bewußter erlebt, sobald der Mensch in eine Situation gerät, die ihm die Nähe des Todes unmittelbar vor Augen führt. Es gibt allerdings je nach Situation große Unterschiede. Ein Mensch, der beispielsweise gerade seine Krebsdiagnose erfährt, hat je nach Prognose und den bislang gemachten Erfahrungen eine stärkere oder schwächere Bereitschaft, sich mit der tödlichen Bedrohung zu beschäftigen.

Im Unterschied dazu haben Menschen, die mit einer Diagnose wie "Multiple Sklerose" oder "Muskeldystrophie" konfrontiert werden meist keinen unmittelbaren Anlaß sich mit dem Sterben auseinanderzusetzen, da diese Erkrankungen in den seltensten Fällen schnell zum Tode führen. Es tritt hierbei aber häufig eine progressiv verlaufende Behinderung ein. Je nach deren Schweregrad wird der Patient mit jeder neuen Verschlechterung der Symptomlage unwiderbringlich dem Tod näher gerückt. Die Psyche des Betroffenen ist dann ausschlaggebend, ob dieser sich daraufhin auch mit dem Tod beschäftigt. Die Gedanken über Sterben und Tod lassen sich leichter ertragen, wenn gute Kompensationsmöglichkeiten zur Verfügung stehen.

"[...] Ich glaube [...], daß ich unsterblich bin [...] Ich denke nach dem Tod geht es schon weiter. Manchmal bin ich richtig gespannt darauf, was dann passiert. Ja aber ansonsten, an Gott habe ich noch nie geglaubt [...]"[1]

"[...] Ich war sehr fromm. Im Moment denke ich auch, ich hätte keine Angst vor dem Sterben [...] ich [bin] gespannt darauf. Wie ich fühle, wenn es soweit ist, kann niemand richtig sagen. Ganz gewiß bin ich unsterblich, und wenn nicht, ist es nicht mehr mein Problem."[2]

"[...] Und tief verborgen beleben mich immer wieder zwei Lebensquellen: die Liebe und die Zuversicht. Und hätte ich nicht ein gewisses Gottvertrauen, wäre die Angst mein größtes Verhängnis. Ich bin immer davon ausgegangen, daß mein Leben kurz ist, und ich habe immer gesagt, es muß immer irgendwie einen Sinn haben. Und da komme ich immer wieder hin am Ende nach allem

---

[1] Heike Boodwasch-Hooymann, Friedreich'sche Ataxie-Patientin; in: Eggli, 1993, 172
[2] Eggli, 1993, 172

Ermüden und allem Verzweifeln, auf diese ruhende Insel und die tut mir gut."¹

Um nicht an der Behinderung und den damit verbundenen Schwierigkeiten zu verzweifeln, hat auch der Nichtgläubige die Möglichkeit sich "schlimmere Schicksale" vor Augen zu halten. Dies fungieren, wie auch der Glaube, außerdem als Selbstmordverhütung.

"[...] In depressiven Zeiten, wenn ich mich fragte, ob mein Leben einen Sinn hat oder ob es nicht besser wäre, es zu beenden, half mir der Gedanke an Winnie. Seit seinem Tod ist mir noch stärker bewußt, daß er Grund zur Verzweiflung gehabt hätte, aber daß er das Leben bis zur letzten Minute ausgekostet hat. Daher ist für mich klar, daß ich den Gedanken, mich umzubringen, nicht mehr fassen kann, selbst wenn es mir noch so schlecht geht. Er hat mit seinem Leben so viel angefangen, obwohl er um dessen Begrenzung wußte, und es auch nicht immer leicht für ihn war, ständig auf andere angewiesen zu sein; er war ja über viele Jahre hinweg völlig pflegeabhängig."²

5.2.4. Sterbewunsch durch das »kleine Sterben«

"Ich sterbe eigentlich schon langsam, bei jedem Nachlassen meiner Kräfte, oder Einbußen."³

5.2.4.1. Der Leistungsverlust

"Ich habe ja ganz im Anfang gesagt, als ich eben über diese Krankheit gehört habe, und noch gar nicht wußte, daß ich diese auch habe: Wenn ich die hätte, dann würde ich gehen - sofort."⁴

---

[1] Andreas Kersting-Wilmsmeyer, Mukoviscidose-Patient; in: Eggli, 1993, 172
[2] Helga Jansons, Spastikerin; in Eggli, 1993, 184
[3] Frau U, Kurzvorstellung der zitierten Interviewpartnerinnen im Anhang
[4] Frau G, Kurzvorstellung der zitierten Interviewpartnerinnen im Anhang

Im 18.Jahrhundert wurde allgemein davon ausgegangen, daß der körperliche Verfall im Alter durch Verstärkung der geistigen und intellektuellen Kräfte kompensiert wird.[1] Diese Vorstellung wurde jedoch nie auf körperlich eingeschränkte Behinderte übertragen! Heutzutage möchten die Menschen der westlichen Welt ihr Leben als Karriere betrachten können. Sie wollen auf Erfolge zurückblicken können, die sie durch eigene Leistung erreicht haben. Menschen, die mitten auf dieser Erfolgsleiter durch Erkrankung oder Unfallfolgen daran gehindert sind, die zuvor gesetzten Ziele zu erfüllen, genügen dem allgemeinen, und vor allem dem eigenen, Leistungsanspruch nicht mehr. Da in unserer Gesellschaft das Selbstwertbewußtsein über Leistung und Arbeitsfähigkeit definiert wird, verlieren diese Menschen zumindest anfangs zwangsläufig an Selbstachtung.[2] In einer Befragung chronisch Kranker (Parkinson) stellte sich folglich auch heraus, daß sie es bezüglich ihrer Erkrankung am schlimmsten finden, daß sie sich nutzlos und überflüssig vorkommen.[3]

Der Mensch wird, zumindest in unserer westlichen Welt, von Kindheit an zu einem Streben nach Selbstverwirklichung und Individualität erzogen. Mit dem Eintritt einer Behinderung muß er schlagartig von diesem jahrelang erlernten Konzept Abstand nehmen und alternative Konzepte völlig neu erarbeiten. Dies gelingt allerdings meist auch nur zum Teil, da die Umwelt natürlich weiterhin diejenigen Konzepte verfolgt, denen der Behinderte nicht mehr entsprechen kann.

"Es ist ja nicht nur so, daß man behindert ist oder wird, sondern daß einen die Normvorstellungen der Gesellschaft noch zusätzlich beherrschen."[4]

5.2.4.2. Schwindende Lebensqualität

Patienten, die sich einer apparativen Hinauszögerung des Todes verweigern, wird oft eine gewisse Ehrfurcht entgegengebracht. Diese mag eventuell gar nicht angebracht sein, da sie sich einfach nur für ihre individuelle Variante von zwei schlechten Alternativen entscheiden (müssen), und die Wahl der kürzeren gegenüber einer

---

[1] Cole, Winkler, 1988, 36
[2] vgl. Cole, Winkler, 1988, 53
[3] hr 2, SR 2, 29.11.1994, 21.00
[4] Corinne Läng, nicht-behindert in: Eggli, 1993, 167

längeren, aber vermutlich quälenderen Lebensspanne treffen.[1] Bei einigermaßen gesicherter Lebensqualität wird eine kürzere Lebenserwartung öfters einer längeren, unter schlechter Lebensqualität vorgezogen[2]: Lieber kürzer leben als ein Leben auf Sparflamme.

"Da hat ein Arzt zu mir gesagt: Sie haben eine Muskeldystrophie, sie können damit alt werden. Und da habe ich zu ihm gesagt: Na danke, wunderbar. Das bedeutet mir rein gar nichts, das Altwerden, wenn ich dann nur noch verwahrt werde und [...] wenn ich dann nur noch gefüttert werden muß. Wie ich alt werde, das ist es ja. Also wenn ich nur noch abhängig bin, dann ist das ja kein Blick für mich, eher ein Urteil, ein schlimmes, ein Todesurteil."[3]

"Wie ich Lebensqualität für mich definiere, verändert sich immer wieder. Bestimmte Voraussetzungen brauche ich einfach. Die Behinderung hat für mich weniger Bedeutung, wenn ich meinen Elektrorollstuhl habe und mit Leuten zusammen bin, die ich nicht wegen jedem Handgriff extra bitten muß, die mir selbstverständlich helfen. Ist das nicht mehr gegeben, ist der Ausweg natürlich nicht, Schluß zu machen, sondern zu kämpfen. Aber wenn ich nichts mehr machen kann, ist es schon schwierig für mich, meinen Lebenssinn zu sehen. Ich kann mich ja dann auch nicht mehr entfalten. Es ist aber möglich, daß ich in solch einer Situation eine ganz andere Aufgabe finde, die ich im Moment nicht sehen kann."[4]

Die einzige Möglichkeit, die Angst vor dem Sterben zu überwinden liegt wohl darin, sich nicht an das Leben zu "klammern". Dies fällt natürlicherweise den Menschen am leichtesten, die in ihrem Leben kaum noch Lebensqualität empfinden können.

---

[1] Noll, 1984, 9
[2] DGHS, 1994, 6
[3] Frau U, Kurzvorstellung der zitierten Interviewpartnerinnen im Anhang
[4] Eggli, 1993, 167

"Lebensqualität liegt für mich auf einer anderen Ebene [als Lebensstandard], heißt zunächst einmal, das man glücklich ist. Ich finde, das ist die höchste Lebensqualität, die man erreichen kann. Es gibt natürlich auch gerade bei Muskelkranken Diskussionen, wie weit wir gehen wollen. Wenn die Krankheit auf die inneren Organe übergegangen ist, das Herz angegriffen, der Darm nicht mehr richtig funktioniert, wie sieht es dann aus? Wie entscheiden wir? Dann kommt die große Frage: Läßt man sich beatmen oder läßt man sich nicht beatmen? Verfügt man z.B. beim Notar, daß man im Notfall keinen Luftröhrenschnitt zuläßt? Ich denke, diese Fragen muß jeder für sich selbst klären, deshalb bin ich extrem dagegen, wenn irgendwelche Ärzte insistieren: aber wir könnten sie noch beatmen! Die Frage ist doch, ob der Behinderte selbst sein Leben dann noch lebenswert findet, auch wenn er den ganzen Tag im Bett liegen muß, oder sogar in einer eisernen Lunge."[1]

"Das war etwa vor zwei Jahren. Und da konnte ich nichts mehr machen, außer Fernsehen gucken und sowas - und das hat mir eben nicht ausgereicht und da habe ich versucht, mich umzubringen. [...] Mit Tabletten. Da habe ich abends Tabletten genommen und am Morgen bin ich dann im Krankenhaus wieder aufgewacht. [...] Ich wollte eigentlich nie mehr aufwachen - aber es waren zu wenig Tabletten."[2]

5.2.4.3. Die Situation "erzieht" zum Todeswunsch

"[...] also das Taubheitsgefühl, das war am Anfang; das war wirklich gar nichts mehr. Diese Mißempfindungen haben sich derartig verschärft, daß also manchmal auch der Gedanke aufkommt: ich möchte nicht mehr. Das ist also wirklich ... das ist dann was, was das Allgemeinbefinden unheimlich beeinträchtigt. Ich meine, wenn ich nicht gehen kann, oder wenn ich die Hände weniger bewegen kann, davon ist mir nicht übel. Aber von

---

[1] Oliver Weinmann, Muskelschwund-Patient in: Eggli, 1993, 166f
[2] Claudia in ZDF, 4.1.1995, 21-21.45

diesem, wie sagt man dann, von diesem Gürtelgefühl, was sich aber jetzt über den insgesamten Bauch zieht. [...] Dieses Eingeschränktgefühl geht bis oben hoch. Also nicht ganz bis an den Hals, das habe ich noch nicht gehabt - vielleicht würde das noch viel mehr Panik hervorrufen. Es ruft natürlich auch Panik hervor. [...] Ich muß sagen, im großen und ganzen bin ich lebensbejahend, vielleicht hat mir das über Jahre auch sehr viel geholfen, aber wenn denn also solche Schicksalsschläge kommen, wie der Tod von meinem Sohn [Selbstmord] und dann von meinem Mann [Kehlkopfkrebs], dann ist da irgendwas, was stärker ist, als meine eigene Lebensbejahung."[1]
Ich: Und was wäre das für ein Kriterium? - Oder möchten Sie das nicht sagen?
Frau U: Ja, eigentlich wenn ich gar nichts mehr machen kann. [...] Bettlägerig sein und gefüttert werden - das gehört ja alles dann dazu - ja gut: und dann vielleicht nicht mehr lange im Rollstuhl sitzen können.[2]

Jedes Leid, welches den Betroffenen einen Todeswunsch äußern läßt, ist ernst zu nehmen. Ich differenziere jedoch nach der Ursache des Leidens: An einem "intrinsischen" (Krankheit, Behinderung ...) Ursprung läßt sich in vielen Fällen nichts verändern. Ein "extrinsischer" Grund (Nichtgewährung von humaner Hilfe, Extrembeispiel: Folter) ist dagegen vermeidbar, wenn die Verursacher dazu bereit wären.

In der, im folgenden beschriebenen, extrinsisch begründeten, Situation ist der geäußerte Todeswunsch sicherlich eher als Drohung gegen den Kostenträger zu werten. Es ist aber leider nicht unwahrscheinlich, daß sich diese Drohung in eine ernst gemeinte Auffassung wandelt, wenn die befürchteten Umstände einträten:

Ein Pflegebedürftiger soll nach dem Willen des zuständigen Sozialamtleiters ab einem bestimmten

---

[1] Frau B, Kurzvorstellung der zitierten Interviewpartnerinnen im Anhang

[2] Kurzvorstellung der zitierten Interviewpartnerinnen im Anhang

Stichtag von einem Billiganbieter der Branche
gepflegt werden. Als die Angelegenheit nicht mehr
verhindert werden kann, ruft der Betroffene den Verursacher an, und bittet darum, daß dieser ihm doch
noch die Firma nenne, in die er vorne hinein fährt
und hinten als Asche wieder heraus kommt. Er bietet
also dem Sozialamt, auf makabere Weise, eine
billigere Lösung für dessen Finanzprobleme an.[1]

In Altersheimen beträgt der Pflegeschlüssel bezüglich Pflegebedürftigen der Pflegestufe 3 (="rund-um-die-Uhr"-Versorgung notwendig) 1:3,1. Dies bedeutet, daß ein Helfer für 3,1 Patienten zur Verfügung steht. Es kann unter dieser Bedingung verständlicherweise nur eine rein pflegerische Versorgung stattfinden. Eine Selbstbestimmung der Patienten ist zwangsläufig nicht gegeben. In der Nacht beträgt der Pflegeschlüssel sogar 1:12! Hier liegt vermutlich gar eine Unterversorgung vor. Vielleicht mit der Motivation, die Auswirkungen des Pflegenotstandes wenigstens teilweise zu kompensieren, wird in Japan derzeit eine "Fütterungsanlage" auf ihre Verwendbarkeit getestet.[2] In Anbetracht dieser extrinsischen Lebensbedingungen ist es verständlicher, warum in Deutschland jährlich 3000 alte Menschen Selbstmord begehen. Diese Rate ist die 8-fache der Suizide Jugendlicher. Vor allem bei Männern über 70 Jahren liegt eine steigende Tendenz vor.[3]

In den Fällen, in denen eine in jüngeren Jahren erworbene, aber stabile Behinderung vorliegt, ist ebenfalls nicht davon auszugehen, daß der Betroffene sein Leben irgendwann zwangsläufig wieder als lebenswert wahrnimmt.
Im Alter von 17 Jahren war Cornelia in einen Autounfall verwickelt, der einen hohen vollständigen Querschnitt bei ihr verursachte. Inzwischen ist sie 35 Jahre alt und alkoholabhängig. Mir steht die Bewertung nicht zu, ob sie sich hilflos und verzweifelt zu betäuben versucht oder bewußte sukzessive Selbsttötung betreibt.[4]

---

[1] dies berichtete mir einer der ehemaligen Helfer des Betroffenen
[2] WDR, 27.10.1994, 21-22.00
[3] DGHS, 1994, 6
[4] Cornelia war 1989 kurzzeitig in einer, von mir geleiteten, Musiktherapie-Selbsthilfegruppe

Aufgrund Isolierung stirbt nicht nur der alte Mensch vor dem eigentlichen Tod den sozialen Tod. Das gleiche Schicksal haben oft auch Behinderte, die wegen ihrer Behinderung das Haus nur noch selten oder überhaupt nicht mehr verlassen können.[1]

> "Aber ich habe halt inzwischen das Problem, daß meine Kontakte halt weit geringer geworden sind. [...] Das ist schon schwierig. Ich bin halt nicht mehr beweglich und ich bin nicht kontinuierlich."[2]

Mit jeder Verschlechterung seiner Situation geht dem Kranken die Lebensqualität stückweise verloren. Wenn eine, zum Tode führende Erkrankung vorliegt, wird der Tod nicht mehr als die letzte Grenze verstanden, sondern bereits der Verlauf der Krankheit als "Stück-für-Stück"-Sterben empfunden.[3]

Frau U: ... Ja, guten Abend. Ja, es geht darum: Ich bin jetzt mittlerweile 50 Jahre alt, hab leider schon seit meinem 29. Lebensjahr eine progressive Muskeldystrophie, und hab' seit vergangenem Jahr eine gynäkologische Untersuchung. Also ich hab' schon sehr lange den Knoten in der Brust bemerkt, aber da ich mit meiner Muskeldystrophie so sehr schwer -ja- mit zu kämpfen hatte, immer wieder mich aufzurappeln, durch Niederschläge durch Abbau der Muskulatur, habe ich das eigentlich gedacht, na-ja, da sind Verhärtungen und vergangenes Jahr habe ich von meiner Gynäkologin dann auch unter anderem Ultraschall gemacht bekommen und da hat es halt geheißen, dieser Knoten ist bösartig, sie läßt mir kein... also ein halbes Prozent nicht dran, daß es eventuell doch gutartig sein kann, und sie gab mir halt, daß ich mich da halt d'rum kümmern soll und schnellstens den Knoten 'rausschneiden lassen soll und je nach dem, was dann eben für eine Behandlung eventuell sein soll. Es ist natürlich so, daß die Muskeldystrophie .... Ich hab' schon öfters keine Lebensqualität mehr an meinem Leben gefunden - beziehungsweise: das war das Niederschmetternste, was mir noch auf diesem Stuhl

---

[1] B2, 1.4.1994, 22.05-23.00
[2] Frau G, Kurzvorstellung der zitierten Interviewpartnerinnen im Anhang
[3] Noll, 1984, 178

eröffnet worden ist dazu, ja? Jetzt ist es so: Ich habe mich seit diesem September nicht entscheiden können, überhaupt in irgendeiner Richtung etwas zu tun, ich war 'mal bei einem Naturheilarzt, ja okay, hab' mir da auch den Bretfort-Test machen lassen, ...
Pohlmeier: ...Sie haben alles aber so gelassen?
Frau U: Ich hab das bis jetzt so gelassen, aus dem Grund, weil ich keine Entscheidung für mich finden kann, weil ich im Grunde genommen ..., ich hatte mir damals bei der Muskeldystrophie auch schon immer gewünscht, daß ich vielleicht irgendwas anderes kommt, was mich schneller von hier weg bringt. Das waren eigentlich schon so meine Gedanken. Weil ich die Muskeldystrophie bis zum Ende, wie sie sein kann, nur pflegebedürftig zu sein, gefüttert und alles zu werden, war mir eigentlich ein Graus. Und jetzt ist meine Frage halt da, ich habe da auch mit meinem Arzt darüber gesprochen, also ich kann mich sicherlich aus diesem Grund nicht dafür entscheiden für das andere, für den Knoten was zu tun, weil ich im Grunde genommen keine Lebensperspektive finde, [...][1]

Der Tod kann als Erlösung gesehen werden. Einem Patienten, der unter starken, therapieresistenten Schmerzen leidet, wird das Weiterleben ab einem bestimmten Zeitpunkt leicht gleichgültig. Viele Patienten äußern dann auch, das Leben selbständig beenden zu wollen, wählen aber diese Möglichkeit mit Rücksicht auf Familie und Angehörige doch nicht.[2]

5.2.4.4. Weitere Motivationen

Viele Menschen ziehen Kraft aus dem Bewußtsein, sich das Leben nehmen zu können, wenn sie ihre Situation nicht mehr aushalten wollen.[3]
Der Wunsch nach dem Freitod hat jeweils individuelle Gründe. Nach Ansicht von Frisch müsse man sich töten, wenn man nicht mehr auf der Höhe seiner Kraft sei und anderen zur Last falle. Noll fürchtet vornehmlich den Verlust der Freiheit, der unweigerlich ein-

---

[1] hr 2, 12.6.1994, 21.00
[2] Remschmidt, 1984, 309
[3] von Goddenthow, 1989, 14

tritt wenn "du in eine Apparatur kommst, die dich beherrscht und der du nicht gewachsen bist". Er hat auch Angst vor unerträglichen Schmerzen, glaubt aber, daß er diesen nur entgehen kann, indem er "in die Apparatur" geht. Diese nähme ihm zwar die Schmerzen, dafür aber auch seine Freiheit. Aufgrund dieses gedanklichen Hintergrundes verweigert er jegliche Therapie des diagnostizierten Blasenkrebses.[1] Er sieht die, ihm angeratene operative Entfernung der vom Krebs befallenen Blase somit auch als verzögerte Form des Selbstmords unter fremder Tatherrschaft.[2]

> Frau B: Ich bin persönlich in der Situation, daß der Darm regelmäßig kontrolliert werden muß, weil ich Geschwüre habe, die könnten sich in Krebs umwandeln. Wenn in dieser Richtung - also ich bin ja überzeugt, daß das bei mir nicht passiert, ich habe also wirklich ein optimistisches Gemüt, aber wenn, würde ich die Weiterbehandlung ablehnen. Ich würde mich glatt zurückziehen.
> Ich: Mit dem Gedanken: dann geht es schneller.
> Frau B: Ja. Ich würde die Krebsbehandlung, die notwendig werden würde, nicht machen lassen; und nicht aus Verantwortungslosigkeit, sondern aus Verantwortung. Und da habe ich mir schon ganz oft gedacht, das ist eine ganz einfache Sache, das trainiere ich schon eine ganze Weile: Ich würde kein Symptom mehr angeben. Ich würde nicht angeben: Blut im Stuhl, damit der Arzt sich verpflichtet fühlt zur Handlung.
> Ich: Und sie würden dann nur noch Schmerzmittel wollen?
> Frau B: Ja, Linderungsmittel![3]

Auch wenn der Todeswunsch eines anderen rational nachvollziehbar ist, versucht man dennoch, dem Betroffenen Lebensqualität einzureden:

---

[1] Noll, 1984, 38
[2] Noll, 1984, 63
[3] Kurzvorstellung der zitierten Interviewpartnerinnen im Anhang

Der Sterbebegleiter besucht eine schwerstkranke alte Frau, die bettlägerig ist. Sie berichtet ihm von ihrer Sehnsucht nach dem Tod. Er reagiert inadäquat, indem er versucht, sie auf die Schönheiten des Lebens hinzuweisen:

> "Sehen Sie doch aus dem Fenster. Heute ist es wunderschön, und Sie können ja vom Bett aus in den blühenden Baum sehen."[1]

Als mir Frau U[2] klar sagt, daß sie sich bald das Leben nehmen will, berate ich sie daraufhin, wie sie mehr Lebensqualität erreichen kann, da ich die Gründe für ihren Wunsch (vielleicht irrtümlich) für behebbar halte. Sie empfindet sich beispielsweise als Zumutung für ihre (bezahlten!) Helfer und will diese nicht mit Umsetzen belasten. Sie schränkt sich daher ein und nimmt Termine nicht wahr, wenn es ihr nicht selbständig gelingt, sich in den Rollstuhl umzusetzen!

Ich empfinde den Anlaß als lächerlich (wohl, weil ich mich, hätte ich die gleichen Kriterien, längst hätte töten müssen) und kann ihren Wunsch daher nicht akzeptieren. Ich interveniere demzufolge auf meine Weise mit Hilfsmittel-Empfehlungen.

Ich glaube (und hoffe), daß ich anders reagiert hätte, wenn sie den Wunsch zu sterben aufgrund großer Schmerzen oder ständiger Bettlägerigkeit geäußert hätte. Unter solchen Bedingungen hätte ich ihre Motivation ernster nehmen können.

In der Regel sind glücklicherweise wirklich auch andere Kriterien für den Todeswunsch vorrangiger:

So untersuchte 1990/1991 eine Kommission den Umfang und die Bedeutung der Sterbehilfe-Praxis in den Niederlanden.

> "Als Gründe für den Sterbewunsch wurden Verlust der Würde (57%), Schmerzen (46%), unwürdiges Sterben (46%), Abhängigkeit von anderen (33%) und Lebensmüdigkeit (23%) genannt."[3]

---

[1] Dies wurde mir von dem Sterbebegleiter berichtet, der seine Reaktion inzwischen zu Recht als Hilflosigkeit deutet.
[2] Ich ließ den Kontakt zu ihr durch den Rundfunk vermitteln.
[3] Pelzl, 1994, 198

6. Schlußwort

> "Na, dann kam erst das, was man als Partner dabei hat, wo ich also zuerst versuchte, an seine Hände einen Puls rein zu kriegen [...] und dann habe ich nebendran die Sauerstoffflasche liegen sehen. Und dann habe ich gedacht: also 5 mal drücken - Sauerstoff müßte ich wahrscheinlich erst in den Mund nehmen [...] das ging alles sehr schnell. Und dann habe ich gedacht: Also das tue ich dir jetzt nicht an. Wenn ich nämlich Erfolg gehabt hätte, wäre er [später] erstickt. [...] Seinetwegen halt hatte ich mich entschlossen, keine Probe zu machen, ob man Wiederbelebungsversuche machen könnte. Aber, meinetwegen hätte ich sie gemacht."[1]

Es ist generell psychisch äußerst schwierig, einen Schwerstkranken in Ruhe sterben zu lassen. Manchmal wird jede Therapie versucht, auch wenn ein Unterlassen rational richtig, und aufgrund der nötigen Rücksichtnahme gegenüber dem Sterbenden unbedingt erforderlich ist. Die prinzipielle Schwierigkeit liegt hierbei darin, daß das Ungewollte in diesem individuellen Fall unabwendbar ist.[2] In unserer generellen Technikgläubigkeit läßt sich dies sehr schwer akzeptieren. Meine Forderung nach einem humanem Sterben beinhaltet neben der ausreichenden medizinischen Betreuung des Sterbenden auch Humanität und das Postulat, daß einzig der Wille des Patienten entscheidend sein muß. Abgesehen von der Notwendigkeit, dem Patienten die Gestaltung seines Sterbeprozesses, soweit dies möglich ist, zu überlassen, sehe ich auch ein Anrecht jedes Menschen darin, für sich selbst einschätzen zu dürfen, ob er sein Leben noch für lebbar hält. Seine menschliche Würde kann nur dann verwirklicht werden, wenn ihm die Entscheidung bezüglich seiner individuell empfundenen Lebensqualität zugestanden wird. Einzig dem Betroffenen steht die Beurteilung zu, ob und in welchen Situationen der Tod besser als das weitere Leben ist. Inzwischen wird es von den meisten Menschen schon als richtig eingestuft, daß der Schutz menschlichen Lebens nicht nur den Erhalt der biologi-

---

[1] Frau B, Kurzvorstellung der zitierten Interviewpartnerinnen im Anhang
[2] vgl. von Goddenthow, 1989, 51

schen Grundfunktionen beinhaltet, sondern auch die Möglichkeit, ein sinnvolles, akzeptables und menschenwürdiges Leben führen zu können, bedeuten muß. Dennoch gibt es bislang noch keinen Schutz gegen ein zwangsweise verlängertes Sterben und ein aufgedrängtes Leben!

Viele Menschen halten es für unverantwortlich aktive Sterbehilfe überhaupt zu thematisieren. Sie befürchten eine Diskussion Unbeteiligter über das Lebensrecht, wie es im Nationalsozialismus praktiziert und mörderisch umgesetzt wurde. Meine Stellungnahme, daß die individuelle Entscheidung eines Menschen für aktive Sterbehilfe aus Gründen seiner mangelnden Lebensqualität legitim sein muß, bewirkt vor allem dann Empörung und Entsetzen, wenn ich diese Position auch für die Fälle beibehalte, in denen der Grund für den Sterbewunsch scheinbar ausschließlich in der eigenen Vorstellung des Betreffenden existiert. Die Gegenargumentation ist geprägt von der Angst, andere Menschen könnten sich wieder anmaßen, wann Leben nicht mehr 'lebenswert' sei. Aus diesem Grund dürfe in keinem Fall aktive Sterbehilfe praktiziert werden.
Ich erwarte, daß die aktive Sterbehilfe in Deutschland in absehbarer Zeit legalisiert wird, befürchte aber, daß der Grund hierfür nicht aus menschlichen Überlegungen heraus motiviert ist, sondern durch Zweckrationalität verursacht wird. Meine These (vgl. 4.1.2.2.), daß nicht ethische, sondern ökonomische und finanzielle Überlegungen der Grund dafür sein werden, daß Patientenverfügungen, die der Versorgung mit medizinischer Apparatur widersprechen, von Ärzten eher berücksichtigt werden, resultiert aus der gleichen Befürchtung. Eine derartige, auf Utilitarismus und Sozialdarwinismus basierende "Legalisierung" würde es verdeutlichen, daß dieses Denken gesellschaftlich immer stärker vertreten wird.

Ich stelle in der letzten Zeit (vorausgesetzt, daß dies nicht einfach als selektive Wahrnehmung aufgrund dieser Arbeit einzustufen ist) fest, daß die Thematik "Hirntod", "Lebenswert" und auch "aktive Sterbehilfe" vermehrt in der Öffentlichkeit (Medien) behandelt wird. Ich stufe dies als staatlich erwünschte, und vielleicht sogar geförderte, Desensibilisierung der Bevölkerung ein! Obwohl ich eine aktive Sterbehilfe aufgrund eines unbeeinflußten (!) Willen des Betroffenen uneingeschränkt befürworte, fände ich eine solche Entwicklung aufgrund ökonomischer Erwägungen tatsächlich im Sinne der Kritiker verhängnisvoll!

Dem Ziel entgegen

Immer bin ich ohne Ziel gegangen,
Wollte nie zu einer Rast gelangen,
Meine Wege schienen ohne Ende.

Endlich sah ich, daß ich nur im Kreise
Wanderte, und wurde müd der Reise.
Jener Tag war meines Lebens Wende.

Zögernd geh ich nun dem Ziel entgegen,
Denn ich weiß: auf allen meinen Wegen
Steht der Tod und bietet mir die Hände.

Hermann Hesse[1]

---

[1] Hesse, zusammengestellt von: Michels, 1988, 48

7. Anhang

> "[...] dann sage ich auch: an MS stirbt man nicht, trotzdem ich aber 2 Fälle [im Krankenhaus] direkt neben mir liegen hatte, die an MS gestorben sind und nicht an irgendeiner anderen Krankheit."[1]

Kurzvorstellung der zitierten Interviewpartnerinnen:

Frau B ist 53 Jahre alt. Die Diagnose Multiple Sklerose ist ihr seit 17 Jahren bekannt. Sie ist verwitwet und hatte drei erwachsene Kinder: Einer ihrer zwei Söhne hat vor einigen Jahren Selbstmord verübt. Sie lebt in einem Mehrfamilienhaus in Frankfurt. Ihr zweiter Sohn hat seine Wohnung im gleichen Gebäude. Er versorgt seine Mutter, die zwar nicht körperlich pflegebedürftig ist, dennoch selten aus dem Haus geht, da sie nur noch kurze Wege gehen kann. Frau Bs Mann verstarb vor wenigen Monaten an Kehlkopfkrebs. Sie hatte ihren Mann bis zuletzt daheim gepflegt und berichtet, daß sie jetzt noch täglich in Gedanken mit ihrem verstorbenen Mann rede. Bekannte, denen sie dies erzählt, warnen sie mit dem Hinweis, dies sei nicht gesund für sie. Sie steht aber (zu Recht) auf dem Standpunkt, daß sie dies am besten beurteilen kann. Solange es ihr gut tut, will sie es auch weiterhin machen. Das Verhältnis zu ihrem Mann war sehr innig.
Sie ist eine sehr offene und sympathische Frau. Das Gespräch war sehr faszinierend für mich und hat mir Spaß gemacht.

Frau G ist 47 Jahre alt. Seit 12 Jahren weiß sie, daß die Ursache für ihre körperliche Einschränkung Multiple Sklerose ist. Sie lebt alleine in einer Erdgeschoßwohnung in einem Stadtteil am Rande Frankfurts. Sie ist gehfähig, bewältigt aber nur noch kurze Strecken. Seit wenigen Jahren ist sie pensioniert. Ehemals war sie Lehrerin für die Fächer Biologie und Kunst (Sekundarstufe 1).
Als ich sie, um das Interview durchzuführen, daheim besuchte war ihr Schwager anwesend. Im Verlauf des Gespräches stellte sich heraus, daß er befürchtet hatte, ich inszeniere ein Verkaufsgespräch. Nach einem Begrüßungsgespräch verließen uns ihr Schwager (beruhigt) und mein Begleiter. Mein anfängliches Gefühl

---

[1] Frau B zu der häufigen (vor allem ärztlichen) Praxis, eine Todesbedrohung für MS-Kranke zu verleugnen

von Oberflächlichkeit verlor sich dann auch rasch. Frau G schätzte die Zeit des Interviews viel kürzer als real ein. Dies untermauert ihre Äußerung, daß ihr die Befragung Spaß gemacht habe.

Frau U ist 50 Jahre alt und leidet (da sie wirklich leidet ist diese "verpönte" Redewendung hier angebracht!) an der genetisch determinierten Erkrankung Muskeldystrophie des Schultergürteltyps. Die ersten Anzeichen machten sich bereits in ihrer Kindheit bemerkbar: Sie konnte die Arme nicht mehr über den Kopf heben. Erst im Alter von 31 Jahren wurde die Diagnose gestellt. Inzwischen hatte sie eine Tochter aus erster Ehe. Heute sagt sie, daß sie sie nicht gewollt hätte, wäre ihr die Diagnose damals schon bekannt gewesen. Sie wirft es auch ihren Eltern vor, daß diese sie nicht früher aufgeklärt hatten. Die Mutter leidet an der gleichen Erkrankung! Frau U heiratete zweimal. Die Ehen dauerten 5 und 7 Jahre. Frau U ist inzwischen stark pflegebedürftig und wird etwa 12 Stunden täglich von einem ambulanten Dienst versorgt. Sie hat, unabhängig vom Muskelschwund, eine starke Sehbehinderung. Seit einigen Monaten ist außerdem (inzwischen gesichert!) Brustkrebs diagnostiziert. Sie kann sich bislang immer noch nicht für eine Therapie dieses Krebses entscheiden. Er wächst sehr langsam aber stetig!
Sie wohnt im gleichen Haus, wie ihre Eltern, hat aber dennoch keine psychische Unterstützung durch diese. Von ihrer Tochter, die in einem anderen Stadtteil Frankfurts wohnt, fühlt sie sich abgelehnt (meine Hypothese: Die Tochter meidet eine Auseinandersetzung mit ihrem eventuell eigenen, zukünftigen Schicksal.).
Ich nahm den Kontakt zu Frau U über den hessischen Rundfunk auf. Sie hatte bei der (ebenfalls in dieser Arbeit zitierten) Sendung: "Tod durch Willenserklärung ..." als Hörerin angerufen und ganz eindeutig den Wunsch nach aktiver Sterbehilfe geäußert. Sie antwortete auf meinen Brief und war bereit zu einem Interview zum Thema. Obwohl sie anfangs offen für dieses Gespräch schien, gestaltete sich die Organisation eines Treffens äußerst schwierig. Nach mehreren Monaten hatte ich den Eindruck, daß sie doch davor scheute, mit mir über ihren Todeswunsch zu sprechen: Sie sagte mehrmals den vereinbarten Termin ab. Sie hatte mir in vielen langen Telephongesprächen eigentlich schon meine Fragen beantwortet, als es dann doch noch zu der Befragung kam. Ihr schlechtes Gewissen hinderte sie daran, auf mein Angebot, das Interview nicht durchzuführen, einzugehen.

8. Quellenverzeichnis

8.1. Literatur

Breidbach, O. (1993). Expeditionen ins Innere des Kopfes. Von Nervenzellen, Geist und Seele. Stuttgart: Trias, Thieme, Hippokrates, Enke.

Bühler (1966). Akute psychische Begleiterscheinungen körperlicher Krankheiten. In: Bleuler, Willi. Stuttgart: Thieme

Cole, T., R., Winkler, M., G. (1988). Unsere Tage zählen. In: Göckenjahn (Hrsg.). Alter und Alltag. Frankfurt: Suhrkamp.

Deutsche Richterzeitung, DRZ (1993). Sterben in Würde. 412f.

DGHS-Zeitung, 7/8/9.94, Nr.3, 14. Jahrgang. Humanes Leben - Humanes Sterben. Augsburg.

Diessenbacher, H. (1990). Generationenvertrag, Ethik und Ökonomie: Ist das höhere Lebensalter noch finanzierbar? In: Sachsse, Engelhardt (Hrsg.). Sicherheit und Freiheit (255-271). Frankfurt: Suhrkamp.

Dörner, K., Plog, U. (1989). Irren ist menschlich. Lehrbuch der Psychiatrie, Psychotherapie. Bonn: Psychiatrieverlag.

Dürig. Kommentar zum Grundgesetz, Stand Okt. 1984. München, Berlin: Beck.

Eggli, U. (1993). Ein schicker Rolli ist wie eine gute Hose. In: Quack-Klemm, Kerstling, Klemm (Hrsg.). Lebenskandidaten (147-186). Tübingen: Attempo-Verlag.

Eibach (1976). Thesen zur Diskussion um die sogenannte "Euthanasie". In: Eser, A. (Hrsg.). Suizid und Euthanasie als human- und sozialwissenschaftliches Problem (245ff).

Foot, P. (1990). Euthanasie. In: Leist (Hrsg.). Um Leben und Tod (285-317). Frankfurt: Suhrkamp.

Haas, A. (1989). Todesbilder im Mittelalter. Darmstadt: Wissenschaftliche Buchgesellschaft.

Hampe, Johann, Christoph. Zehn Ratschläge eines Sterbenden für seinen Begleiter. (Kopie in einem Seminar der IGSL verteilt)

Hanack (1985). Richtlinien der Bundesärztekammer für die Sterbehilfe. Medizinische Rundschau; Heft 1, 38-39.

Hanack (1985). Kommentar zu den Richtlinien für die Sterbehilfe. Medizinische Rundschau; Heft 1, 39-40.

Harding, D., E. (1992). Keinen Kopf zu haben Reflexionen. In: Hofstadter, Dennett (Hrsg.). Einsicht ins Ich, Phantasien und Reflexionen über Selbst und Seele (30-40). München: Deutscher Taschenbuch Verlag.

Huppmann, G. (1988). Krankheitsverarbeitung Emotionale Reaktionen gegenüber lebensbedrohlichen Erkrankungen, gegenüber Sterben und Tod. In: Huppmann, Wilker (Hrsg.). Medizinische Psychologie und medizinische Soziologie (193-204). München, Wien, Baltimore: Urban und Schwarzenberg.

Jeggle, U. (1988). Die Angst vor dem Sterben. In: Göckenjahn (Hrsg.). Alter und Alltag. Frankfurt: Suhrkamp.

Katholische Nachrichtenagentur (1994). Wie das Strafrecht der Staaten die aktive Sterbehilfe bewertet Mord, Tötung auf Verlangen oder ein Akt der Barmherzigkeit?. Frankfurter Rundschau; 16.März 1994, Nr.63, S.17.

Kreiner, A. (1994). Gott und das Leid. Paderborn: Bonifatius.

Kuhse, H. (1991). Warum Fragen der aktiven und passiven Euthanasie auch in Deutschland unvermeidlich sind. In: Hegselmann, Merkel (Hrsg.). Zur Debatte über Euthanasie (51-70). Frankfurt: Suhrkamp.

Leist, Anton. (1990). Diskussion um Leben und Tod. In: Leist (Hrsg.). Um Leben und Tod (9-74). Frankfurt: Suhrkamp.

Löw, R. (23.6.1990). Gedanken. In: Die Welt; Nr.144.

Löwith (1966). Die Freiheit zum Tode. In: Löwith (Hrsg.). Vorträge und Abhandlungen - Zur Kritik der christlichen Überlieferung. Stuttgart, Berlin, Köln, Mainz: Kohlhammer.

Michels, V. (1988). Das Lied des Lebens Die schönsten Gedichte von Hermann Hesse. Frankfurt: Suhrkamp.

Noll, P. (1984). Diktate über Sterben und Tod. Zürich: pendo-Verlag.

Nothnagel, H. (1908). Das Sterben. Wien: Perles.

Otto, H. (1986). Recht auf den eigenen Tod?. Verhandlungen des 56. Deutschen Juristentages Berlin. Band II Sitzungsberichte, Gutachten D. München: C.H.Beck.

Pelzl, S. (1994). An der Grenze von Leben und Tod. Euthanasie und Strafrecht. Kritische Justiz; Heft 2, 179-199.

Pschyrembel (1990). Klinisches Wörterbuch. Berlin, New York: Walter de Gruyter.

Reichenbach, B. (1990). Euthanasie und die aktiv/passiv-Unterscheidung. In: Leist (Hrsg.). Um Leben und Tod (318-348). Frankfurt: Suhrkamp.

Remschmidt, H. (1984). Psychologie für Krankenpflegeberufe. Stuttgart, New York: Teamverlag.

Rilke (1980). Die Aufzeichnungen des Malte Lauritz Brigge. In: Werke, Bd.III, 1.

Rilke (1980). Stundenbuch. In: Werke, Bd.I, 1.

Schmidhäuser (1983). Strafrecht Besonderer Teil 2/9. Tübingen: Mohr.

Siegel, K.-E. (1993). Wir dürften nicht aufgeben. Gütersloh: Gütersloher Verlag-Haus Mohn.

Silbernagel, W., Huppmann, G. (1988). Angst. In: Huppmann, Wilker (Hrgs.). Medizinische Psychologie und medizinische Soziologie (63-69). München, Wien, Baltimore: Urban und Schwarzenberg.

Smullyan, R. (1992). Ein unglücklicher Anhänger des Dualismus Reflexionen. In: Hofstadter, Dennett (Hrsg.). Einsicht ins Ich, Phantasien und Reflexionen über Selbst und Seele (367-372). München: Deutscher Taschenbuch Verlag.

Sporken (1976). Euthanasie im Rahmen der Lebens- und Sterbehilfe. In: Eser, A. (Hrsg.). Suizid und Euthanasie als human- und sozialwissenschaftliches Problem (271ff).

Steinbock, B. (1980). Killing and Letting Die. 23-44 Eaglewood Cliffs, N.J.: Prentice Hall.

Stern (1994). Schrittmacher Holland. Heft 13.94, 28.

Stoffers, K. (1992). Sterbehilfe: Rechtsentwicklungen bei der Reanimationsproblematik. Monatszeitschrift für Deutsches Recht; Heft 7/92, 621-629.

Sudnow, D. (1973). Organisiertes Sterben. Frankfurt: Fischer.

Thews, G., Mutschler, E., Vaupel, P. (Hrsg.)(1991). Anatomie Physiologie Pathophysiologie des Menschen. Stuttgart: Wissenschaftliche Verlagsgesellschaft.

Thielicke (1979). Wer darf sterben? - Grenzfragen der modernen Medizin -. Freiburg, Basel, Wien: Herder.

VdK-Zeitung, Oktober 1994.

Von Goddenthow, D. (Hrsg.)(1989). Mit dem Tod leben - Sterbebegleitung und praktscher Rat. Freiburg, Basel, Wien: Herder.

8.2. Hörfunk

B2, 1.4.1994, 22.05-23.00 Uhr. Sterben und Tod Erfahrungen eines Arztes. Hauptabteilung Erziehung und Gesellschaft.
Autor: Klaus Dieter Rückauer (leitender Oberarzt in der Freiburger Universitätsklinik, Privatdozent an der Universität Freiburg).

DLF, 28.4.1994, 8.30-9.00 Uhr.

DLF, 12.7.1994, 10-11.30 Uhr. Fötus im Kopf. Journal am Vormittag Sprechstunde.
Autor: Michael Engel.

DLF, 26.8.1994, 10-11.30 Uhr. Wann sind wir tot? Was ist der Tod? Journal am Vormittag. Forum Kultur.
Moderation: Herbert A. Gornik. Gäste: Doktor Dorothea Ludewig-Taut (Klinik-Seelsorgerin, Supervisorin); Professor Rudolf Janzen (Neurologe, Frankfurt); Professor Klaus Peter Jörns (Praktischer Theologe, Berlin).

DLF, 1.11.1994, 10-11.30 Uhr. Ersatzteillager Mensch - Kann man Organe unbedenklich und total austauschen? Kontrovers.
Moderation: Hartmut Krieger. Gäste: Professor Lutger Honnefelder (Direktor des Instituts für Wissenschaft und Ethik Universität Bonn, Philosophie-Professor, Mitglied des Lenkungsausschusses für biomedizinische Ethik des Europarates); Professor Eckard Renner (Nieren-Spezialist, Leiter des Transplantationszentrums Köln-Merheim).

DLF. Bioethikkonvention des Europarates. Kontrovers.
Moderation: Wolf Renschke. Gäste: Prof. Kartenhusen; Professor Lutger Honnefelder (Direktor des Instituts für Wissenschaft und Ethik Universität Bonn, Philosophie-Professor, Mitglied des Lenkungsausschusses für biomedizinische Ethik des Europarates).

hr 2, 29.11.1994, 6.12.1994. Werte im Wandel (6): Annäherungen an das Mitleid. Bildungsprogramm.
Redaktion: Volker Bernius.

hr 2, SR 2, 29.11.1994, 21-22.00 Uhr. Hirnforschung und Personalität Kann Identität transplantiert werden? Abendstudio.
Autor: Oliver Tollmein. Regie: Hans Drawe. Redaktion: Peter Kemper (hr).

hr 2, 12.6.1994, 21-22.30 Uhr. Tod durch Willenserklärung? Die Euthanasie in der Medizin heute. Die Prognose.
Moderation: Gregor Schiemann. Gäste: Dr. Wolfgang Furch (Chefarzt der gynäkologischen Abteilung Hochwald Krankenhaus Bad Nauheim, Vizepräsident der Landesärztekammer Hessen); Prof. Dr. Hermann Pohlmeier (Göttingen, Psychiater, Neurologe, Leiter der Abteilung Medizinische Psychologie im Zentrum Psychologische Medizin, Präsident der DGHS)

S2 Kultur, 6.2.1994, 12.05 Uhr. Ersatzteillager Mensch Organspenden und Gehirntod als sozialethische Herausforderungen. Kirchenfunk Glaubensfragen.
Manuskript und Redaktion: Rudolf Linßen.

S2 Kultur, 8.11.1994, 10.05-10.30 Uhr. Isabells Vermächtnis Gespräche und Gedanken über den Tod. Eckpunkt.
Autor: Ulrike Seibert.

S2 Kultur, 17.11.1993, 8.30-9.00 Uhr. Ethische Grenzlinien für den medizinischen Fortschritt.
Autor: Wolfgang Huber (Heidelberg).

SWF1, 16.9.1994, 20.30 Uhr. Transplantationmedizin.

WDR, 27.10.1994, 21-22.00 Uhr. Pflegefall, Pflegeversicherung oder Geld kann nicht pflegen!

8.3. Fernsehen

3sat, 1.11.1994, 21.15 Uhr. Der Traum vom ewigen Leben. Quark & Co..

NORD 3, 30.11.1994, 23.25 Uhr. Tod auf Verlangen Sterbehilfe in den Niederlanden. Reportage von Maarten Nederhorst.

ZDF, 1.11.1994, 23.05 Uhr. Boulevard Bio. Talkshow mit Alfred Biolek.

ZDF, 4.1.1995, 21-21.45 Uhr. Wann's zuende geht bestimme ich.
Moderation und Regie: Heike Güldenpfennig.

Wolfgang George, Eckhard Dommer,
Viktor R. Szymczak (Hg.)

Sterben im Krankenhaus
Situationsbeschreibung, Zusammenhänge, Empfehlungen

2013 · 230 Seiten · Broschur
ISBN 978-3-8379-2331-5

Die meisten Menschen in Deutschland verbringen ihre letzten Lebenstage nicht in ihren eigenen vier Wänden, obwohl sich dies fast alle wünschen:
Etwa 50% sterben in Krankenhäusern, 40% in Pflegeeinrichtungen und nur etwa 10% in ihrer häuslichen Umgebung. Die aktuellen demografischen Entwicklungen deuten darauf hin, dass sich an diesem Zustand kaum etwas ändern wird.

Dies wirft Fragen auf: Welche Versorgungs- und Betreuungsqualität der Sterbenden wurde bislang erreicht? Entlang welcher Zielkriterien soll diese weiterentwickelt werden? Antworten bietet die 2013er »Gießener Studie zu den Sterbebedingungen in Krankenhäusern«, für die ungefähr 1.400 MitarbeiterInnen aus 212 Krankenhäusern deutschlandweit befragt worden sind. Bereits vor 25 Jahren hatte Wolfgang George mit dem gleichen Messinstrument gearbeitet, sodass ein Vergleich zwischen den damaligen und heutigen Bedingungen möglich ist.

Ausgewiesene WissenschaftlerInnen und PraktikerInnen beschreiben die Bedingungen in den Krankenhäusern und identifizieren relevante Einflussfaktoren. Auf der Grundlage der erörterten empirischen, rechtlichen, ethischen und normativen Befunde werden schließlich auch konkrete Handlungsempfehlungen vorgestellt.

Markus Dederich, Heinrich Greving,
Christian Mürner, Peter Rödler (Hg.)

Behinderung und Gerechtigkeit
Heilpädagogik als Kulturpolitik

2013 · 294 Seiten · Broschur
ISBN 978-3-8379-2305-6

»… dass Politik nicht im Menschen, sondern zwischen den Menschen entsteht, dass Freiheit und Spontaneität der unterschiedlichen Menschen notwendige Voraussetzungen für die Entstehung eines zwischenmenschlichen Raumes sind, in dem Politik, wahre Politik, erst möglich wird. Der Sinn von Politik ist Freiheit.«

Hannah Arendt

Seit den intensiv geführten Debatten der 1970er und 80er Jahre ist die politische Dimension der Heilpädagogik weitgehend in den Hintergrund geraten. Erst in den letzten Jahren entsteht wieder ein Diskurs über Gerechtigkeitsfragen im Kontext von Behinderung. Diese Schwerpunktsetzung auf politische Fragen bedeutet, Heilpädagogik nicht allein als spezialisiertes Segment des Bildungs- und Sozialsystems mit einem pädagogischen bzw. rehabilitativen Auftrag zu verstehen. Vielmehr muss sie als gesellschaftliche Institution betrachtet werden, deren zentrale Aufgabengebiete um kulturell umfassendere Dimensionen und Perspektiven zu erweitern wären.

Mit Beiträgen von H. Burckhart, M. Dederich, F. van Essen, F. Felder, P. Flieger, E.O. Graf, H. Greving, J.M. Kastl, C. Lindmeier, C. Mürner, S. Plangger, P. Rödler, V. Schönwiese, A.-D. Stein, E. Weber und J. Weisser

Joachim Heilmann, Heinz Krebs, Annelinde Eggert-Schmid Noerr (Hg.)
Außenseiter integrieren
Perspektiven auf gesellschaftliche, institutionelle und individuelle Ausgrenzung

2012 · 399 Seiten · Broschur
ISBN 978-3-8379-2187-8

Außenseiter sind Einzelpersonen oder Gruppen, die den Erwartungen und Normen eines sozialen Gefüges nicht entsprechen, was sie selbst oft als leidvoll erleben.

Für ihre Mitmenschen sind sie häufig eine Belastung, weil sie besondere Bedürfnisse haben und die bewährten Konzepte des Sozialen nicht greifen. Die Gründe, weshalb Kinder, Jugendliche oder Erwachsene in eine Außenseiterposition geraten können, sind vielfältig und können nicht unabhängig voneinander betrachtet werden. Entscheidend ist vielmehr das komplexe Zusammenspiel von gesellschaftlichen Bewertungen, institutionellen Rahmenbedingungen und dem Erleben und Verhalten Einzelner.

Für Pädagog/-innen und Sozialarbeiter/-innen besteht die Herausforderung darin, auf die sogenannten Außenseiter individuell einzugehen und tragfähige Beziehungen mit ihnen aufzubauen, um ihnen das (Über-)Leben im sozialen Gefüge zu erleichtern. Der vorliegende Band gibt einen Überblick über psychoanalytisch-pädagogische Verstehenszugänge und zeigt anhand von Beispielen, wie diesen Ausgrenzungsprozessen entgegengewirkt werden kann.

Psychosozial-Verlag

Heike Schnoor (Hg.)
Psychodynamische Beratung in pädagogischen Handlungsfeldern

2012 · 293 Seiten · Broschur
ISBN 978-3-8379-2193-9

Beratung ist eine Dienstleistung, die auch im pädagogischen Bereich zunehmend an Bedeutung gewinnt.

Dabei zählt der psychodynamische Beratungsansatz zu den bewährten Methoden. Im vorliegenden Band geben namhafte Autorinnen und Autoren Einblicke in das Selbstverständnis, die aktuelle Forschung und die Praxis der psychodynamischen Beratung in pädagogischen Handlungsfeldern. Sowohl individuelle als auch institutionelle Aspekte von Problemkonstellationen werden beleuchtet und der Umgang damit erörtert. Anschaulich aufbereitete Praxisbeispiele aus den Bereichen Schule, Kinder- und Jugendhilfe sowie Weiterbildung vervollständigen die aktuelle Bestandsaufnahme.

Mit Beiträgen von Wolfgang Balser, Burkhard Brosig, Margit Datler, Wilfried Datler, Friederike Felbeck, Urte Finger-Trescher, Usha Förster-Chanda, Annette Frontzeck, Antonia Funder, Maria Fürstaller, Christoph Geist, Susanne Graf-Deserno, Bernhard Grimmer, Nina Hover-Reisner, Heinz Krebs, Barbara Lehner, Martin Merbach, Vera Moser, Katrin Nävy, Heinz-Peter Pelzer, Sandro Sardiña, Jochen Schmerfeld, Heike Schnoor, Irmtraud Sengschmied, Kornelia Steinhardt, Ingeborg Volger, Jean-Marie Weber, Beate West-Leuer, Christina Winners und Angelika Wolff

Johannes Kipp, Hans-Peter Unger, Peter M. Wehmeier

Beziehung und Psychose

Leitfaden für den verstehenden Umgang
mit schizophrenen, depressiven und manischen Patienten

3. Auflage 2012 · 220 Seiten · Broschur
ISBN 978-3-8379-2243-1

»Ein Buch, das man insbesondere dem Berufsanfänger jedweder Berufsgruppe im psychiatrischen Krankenhaus dringend als Eingangslektüre empfehlen möchte.«
Prof. Dr. med. Tilman Steinert, Krankenhauspsychiatrie 1/98

In diesem aus der klinischen Praxis entstandenen Leitfaden wird umfassendes Wissen über Entstehung, Symptomatik, Diagnose und Therapie schizophrener, depressiver und manischer Erkrankungen komprimiert vermittelt. Ziel ist es, ein tief greifendes Verständnis für den Umgang mit psychisch Kranken zu ermöglichen und konkrete Hilfestellungen für die Entwicklung einer produktiven therapeutischen Beziehung zu geben. Neben der fachlichen Wissensvermittlung werden Gefühlsprozesse und Beziehungserfahrungen an vielen Beispielen beschrieben.

Psychosozial-Verlag

Ute Benz (Hg.)
Festhaltetherapien – Ein Plädoyer gegen umstrittene Therapieverfahren

2013 · 232 Seiten · Broschur
ISBN 978-3-8379-2290-5

Gewalt an Kindern im Dienste der Therapie? Fachleute eröffnen die längst überfällige öffentliche Diskussion über traumatische Folgen von Festhaltetherapien.

Therapiepraktiken, die darauf basieren, Kinder systematisch zwangsweise über längere Zeit festzuhalten, werden gegenwärtig erfolgreich vermarktet, sind jedoch wissenschaftlich nicht fundiert und zeigen erhebliche negative Folgen.

Renommierte PsychotherapeutInnen und VertreterInnen von Kinderschutz-Zentren und der Berliner Psychotherapeutenkammer beleuchten aus interdisziplinärer Perspektive ein höchst umstrittenes Therapieverfahren. Neben Grundsatzartikeln zur Psychotherapie von Kindern und Eltern werden aus psychoanalytischer Sicht Fallbeispiele zum »Festhalten« nach Jirina Prekop betrachtet. In teilnehmender Beobachtung wird ein Wochenendseminar mit dubiosen Praktiken beschrieben und erstmals kommen Eltern zu Wort, die die Festhaltetherapie angewendet haben und das bereuen. Es werden sowohl fachliche Bedenken und sozialpolitische Argumente gegen die Festhaltetherapie vorgetragen als auch die kommerziellen Interessen bei der Vermarktung des »Festhaltens« aufgedeckt.

Psychosozial-Verlag

Markus Dederich, Heinrich Greving, Christian Mürner, Peter Rödler (Hg.)
Heilpädagogik als Kulturwissenschaft
Menschen zwischen Medizin und Ökonomie

Thomas Mesdag, Ursula Pforr (Hg.)
Phänomen geistige Behinderung
Ein psychodynamischer Verstehensansatz

2009 · 282 Seiten · Broschur
ISBN 978-3-8379-2054-3

2008 · 221 Seiten · Broschur
ISBN 978-3-89806-777-5

Heilpädagogik untersucht, wie die sich wandelnde Gesellschaft institutionalisierte Umgangsformen mit »Behinderung« hervorbringt. Im Bereich der Medizin bilden lebenswissenschaftliche Forschungen und biomedizinische Therapien eine besondere Herausforderung. Im Gesundheits- und Bildungsbereich sehen sich die dort Tätigen heute gezwungen, funktionell allein nach wirtschaftlichen Kriterien zu arbeiten. Diese Medizinisierung und Ökonomisierung der Kultur ist deshalb unter der Perspektive der Teilhabe genau zu betrachten.

Der Begriff der Geistigen Behinderung ist bis heute nicht eindeutig geklärt. Er gilt zu Recht als der problematischste Begriff der Heil- und Sonderpädagogik. Psychodynamische und gesellschaftliche Faktoren, die an der Entstehung einer geistigen Behinderung immer mit beteiligt sind, werden ignoriert und Entwicklungspotenziale dadurch nicht erkannt. Das Buch möchte dazu beitragen, geistige Behinderung wieder verstärkt als soziale Kategorie wahrzunehmen und dazu einladen, sich auf die verschiedenen Dimensionen von geistiger Behinderung einzulassen.

Bertrand Cramer,
Francisco Palacio-Espasa
Psychotherapie mit Müttern und ihren Babys

Terje Neraal,
Matthias Wildermuth (Hg.)
ADHS
Symptome verstehen – Beziehungen verändern

2009 · 393 Seiten · Broschur
ISBN 978-3-89806-822-2

2. Aufl. 2011 · 94 Seiten · Broschur
ISBN 978-3-89806-749-2

Die Autoren legen in diesem Buch die Praxis der gemeinsamen Psychotherapien von Mutter und Kleinkind dar, deren Technik durch die frühen Psychopathologien bestimmt wird. Sie zeigen auf, dass die Dyade aus Mutter und Baby ein instabiles System ist, das für innere und äußere Einflüsse außerordentlich empfänglich ist und sich infolgedessen bestens für eine Praxis und Theorie psychischer Veränderung eignet. Im Laufe gemeinsamer Kurztherapien, deren Technik anhand von Fallgeschichten vorgestellt wird, lassen sich oft bedeutsame Veränderungen erreichen.

Diese Übersetzung ist eine wahre Bereicherung der Schriften zur frühkindlichen Psychoanalyse im deutschsprachigen Raum.

Unaufmerksame, hyperaktive und impulsive Kinder teilen sich weniger über Worte als über ihr Verhalten anderen Menschen mit. Deshalb bleiben ihre Botschaften oft unerhört und rufen bei anderen Unverständnis und Hilflosigkeit hervor. Das Buch eröffnet über beziehungs- und familiendynamische Kenntnisse einen Zugang zur Innenwelt der Kinder mit ADHS. Zehn detaillierte Fallgeschichten beschreiben die bedürfnisangepasste, familientherapeutische Behandlungsarbeit. Anhand einer Studie an 93 nach diesem Modell behandelten Kindern wird gezeigt, dass eine medikamentöse Therapie mit Psychostimulanzien in der Regel überflüssig ist.

www.ingramcontent.com/pod-product-compliance
Ingram Content Group UK Ltd.
Pitfield, Milton Keynes, MK11 3LW, UK
UKHW041947230426
12048UKWH00008B/194